초등교사를 위한 수학·예술·과학 융합 수업 모음집

김민경 · 박은정 · 허지연 · 홍은숙 · 이은실
이진영 · 박윤미 · 이은하 · 고혜진 지음

본 도서는 한국과학창의재단의 지원을
받아 수행된 성과물입니다.

KM 경문사

머리말

21세기 융합과 혁신의 시대에 발맞추어 교육에서 창의성 신장을 위한 교육의 역할이 새롭게 부각되고 있다. 지식의 통섭에 의해 새로운 분류와 융합을 거쳐 새로운 지식들이 속속 등장하고 있는 지식·정보화 사회에서는 다른 범주의 지식에서 같은 정보 처리 방식을 발견하고 통합하는 데 필요한 창의적 사고력 계발이 무엇보다 중요하기 때문이다. 세계의 학문적 경향이 학제간의 협동 연구로 진환되는 방향으로 나타나고 있으며, 다양한 선진 교육 현장에서도 이를 반영하려는 노력의 일환으로 음악, 미술, 무용, 연극, 문학과 같은 예술 분야와 타 교과를 접목하는 시도들이 이루어지고 있다. 예술을 활용하여 수학과 과학을 접하는, 즉 예술과의 융합교육은 모든 학생들로 하여금 스스로 즐거운 마음으로 도전하고, 능동적으로 참여하는 환경을 만들기에 유리하다. 예술 자체가 지니고 있는 가상의 시각과 독창적인 상상력은 현재 학생들이 학습하고 있는 눈앞의 실존현상을 넘어서 웅대한 시야를 가지게 할 것이며 이는 지식·정보화시대의 확장적 사고를 위한 훈련으로 매우 바람직한 방법이 될 것이다. 뿐만 아니라 그러한 학습 환경은 학생들에게 긍정적 사회관계를 촉진함과 더불어 우리 사회가 필요로 하는 창의·인성역량의 함양에도 크게 이바지 할 수 있을 것이다.

한국문화예술교육 진흥원에서 밝힌 21세기 예술교육의 지향점은 다양한 문화와 예술의 조화로운 접목을 통해 인간이 삶을 살아가는 데 필요한 교육이 되고자 하는 것이며, 목적에 따라 서로 유기적인 연관성을 가지고 통섭(通攝: consilience)적으로 교육되어야 한다는 점이다. Fun-MAS(즐거운 수학, 예술, 과학 융합교육) 프로그램이야말로 이러한 예술교육의 지향점과도 일치하는 동시에 수학, 과학교육과의 융합을 통해 교육 효과의 시너지를 극대화하며, 학생들이 즐거워할 수 있는 학습내용을 제공할 것으로 기대한다.

이 책은 학교 현장에서 사용할 수 있는 일상생활 속 체험활동의 아이디어와 그와 관련된 교수자료를 개발, 현장교사들에게 보급하기 위한 노력의 일환으로 탄생되었다. 이론

중심의 수학·과학 교육이 아니라 실생활에서 흔히 만날 수 있는 친숙한 사물이나 도구를 사용하여 호기심과 궁금증, 상상력을 불러일으키고 즐겁게 체험하는 과정을 통해 성취감도 맛볼 수 있도록 구성하였다. 예를 들어 거울의 반사로 생기는 대칭 상을 이용한 그림책, 빛의 직진으로 생기는 그림자를 이용한 인형극 놀이, 주변의 동물과 식물들, 미술관 및 박물관 등과 같은 일상적인 사물과 주변의 자연 현상을 통해 그 안에 숨겨진 수학과학적 원리들을 탐구할 수 있는 기회를 제공하였다. 또한 수학과 과학은 지루한 반복 학습이 아니라 생활 주변의 문제를 만나면서 예술과도 함께 만날 수 있으며, 일상생활에서 쉽게 만나고 탐구할 수 있는 재미있는 활동임을 체험할 수 있도록 노력하였다.

저서의 내용을 하나하나 구성하는 과정에서 수학, 예술, 과학 교과교육과정을 충실히 따르면서도 학생들이 즐거움 속에 참여하는 융합교육 프로그램의 개발이라는 두 가지 문제를 해결하기 위해 다음과 같은 순서를 따라 구성하였다. 본 저서와 시리즈로 집필된 《초등학교 수학·예술·과학 융합 수업의 설계 및 실제》는 이론적 배경을 포함하여 수업 아이디어를 기술하였다면, 본 저서인 《초등교사를 위한 수학·예술·과학 융합 수업 모음집》은 다양한 수업 주제를 학년별(1~2학년, 3~4학년, 5~6학년)로 정리하여 교사들이 실제 수업에 활용할 수 있도록 프로그램 개요와 함께 실제 적용 가능한 지도안과 학생용 학습 자료 일체를 담았다.

본 저서는 2012년도 한국과학창의재단의 과학문화민간활동지원사업의 지원을 받아 수행된 연구 결과의 일부임을 밝힌다. 본 저서는 학생에게는 흥미와 동기를 유발하여 스스로 문제를 파악하고, 기존의 과학·수학 지식과 예술적 감성을 융합하여 창의적 사고를 증진시키는 기회를 제공하고, 현장의 교사들에게는 수학·예술·과학이 조화롭게 융합된 교육 내용을 교실에서 효율적으로 활용할 수 있는 가능성을 보여줄 것으로 기대된다.

본 저서가 완성되는 데 있어서 신선한 수업 아이디어를 내준 오유나, 이경옥, 이성신, 장지은, 황상아 선생님, 저서 출판을 흔쾌히 수락해 주신 경문사 박문규 사장님과 김종원 이사님 외 이 책이 나오기까지 도와주신 모든 분들께 감사의 마음을 전한다.

2013년 8월

저자 일동

융합인재교육 STEAM

차 례

머리말 ········· iii
들어가면서 ········· 1

Part A 초등학교 저학년(1~2학년) 수학 · 예술 · 과학 융합 수업 3

A-1 거울책을 만들어요 ········· 5
A-2 빙글빙글 방울뱀 ········· 19
A-3 무늬 나라 ········· 31
A-4 명탐정 크로마토그래피 ········· 41
A-5 알록달록 색구슬 ········· 52
A-6 천연염색 손수건 ········· 64

Part B 초등학교 중학년(3~4학년) 수학 · 예술 · 과학 융합 수업 79

B-1 피보나치 수열 ········· 73
B-2 바코드를 복원하라 ········· 83
B-3 삼총사와 떠나는 여행 ········· 93
B-4 같은 날짜의 다른 시각의 세계 ········· 106
B-5 삼각형으로 꾸며진 아름다운 지붕 ········· 117
B-6 재활용 악기로 실천하는 환경사랑 ········· 126

Part C 초등학교 고학년(5~6학년) 수학 · 예술 · 과학 융합 수업 139

C-1 나는야 건축가 ······ 141
C-2 신비한 나노의 세계 ······ 156
C-3 이상한 나라의 앨리스 ······ 167
C-4 금강비를 찾아서 ······ 176
C-5 세상의 경계를 없앤 위대한 발견 ······ 188
C-6 1소점 투시도를 그려보아요. ······ 203

참고문헌 ······ 213

들어가면서

본 책은 한국과학창의재단의 '2012년 과학문화 민간활동 지원사업'의 지원을 받아 이루어진 "창의적 융합형 인재양성을 위한 유·초 연계 Fun-MAS 프로그램 개발"의 산출물 중 일부를 초등교사를 위한 수업 모음집으로 재구성한 내용이다. 창의적 융합인재교육에 대한 시대적 요구에 따라 현장에 파급되기 시작한 STEAM(Science-Technology-Engineering-Arts-Mathematics) 교육의 적용에서 수학(M) · 예술(A) · 과학(S)을 중심으로 한 융합 수업에 대한 수업 아이디어 모음집이다. 수업 내용의 수준 구분은 초등학교 저학년(1~2학년), 중학년(3~4학년), 그리고 고학년(5~6학년) 중심으로 이루어졌다.

이 책의 구성은 각 수준별로 다음 내용으로 이루어진다.

수업개요
수학(M) · 예술(A) · 과학(S) 융합 요소 분석
교수 · 학습 과정안
활동지
참고자료
수업 적용 예시(optional)

융합인재교육 STEAM

Part A

초등학교 저학년(1~2학년) 수학 · 예술 · 과학 융합 수업

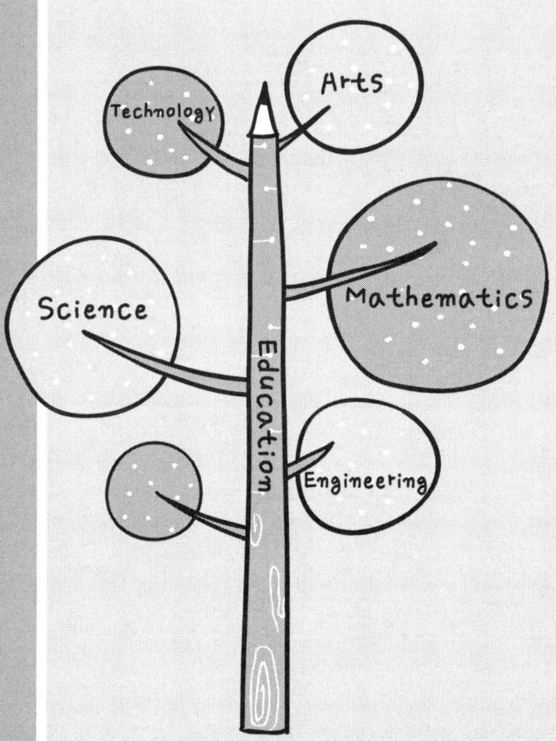

A1 거울책을 만들어요

✎ 활동 개요

본 활동은 빛의 여러 가지 성질 가운데 반사의 성질을 알아보는 과학적 활동과 거울에 비친 상을 통해 대칭 개념을 탐구하는 수학적 활동, 미술에서의 데칼코마니, 종이 오리기 등을 비교하여 보는 예술적 원리 탐구의 활동을 거쳐 이를 통합적으로 이용하여 나만의 거울책을 만드는 북아트 활동으로 구성되어 있다.

첫 번째 활동에서는 미술 작품 속에서의 거울 찾기, 거울을 소재로 한 노래, 거울만화경을 이용한 과학 마술을 경험하면서, 거울이라는 소재를 다양한 방면에서 탐색하며 접근한다.

두 번째 활동에서는 빛의 여러 가지 성질 가운데 반사의 성질을 실험을 통해 확인하고 평면거울, 볼록거울, 오목 거울에서의 상의 변화를 관찰한다.

마지막으로 앞서 학습한 빛의 반사와 거울의 대칭성을 활용하여 과학, 수학적 탐구와 심미성을 모두 만족할 수 있는 거울책을 주어진 북아트 재료와 조건 내에서 창의적으로 만들어 보는 활동을 하게 된다.

실제상과 거울에 비친 상의 대칭성을 확인할 뿐 아니라 두 개의 상이 합쳐져 완성도 있는 작품을 제작하는 과정을 통해 학생들은 수학적 추론 능력과 과학적 탐구능력을 기르게 될 것이고, 거울에 비친 자신의 얼굴을 관찰하고 화가처럼 자화상으로 그려보는 예술적 활동을 통해 심미적 표현력과 관찰력, 통합적 사고능력을 키우게 되며, 거울책을 아름답게 구성하는 창의적 표현 능력도 길러질 것이다.

	차시	주요 활동 내용
활동 내용	1	◈ 거울 탐색하기 • 여러 미술작품에 소재로 쓰인 거울 찾기, 거울 노래 들어보기, 거울 만화경을 이용한 과학 마술을 통해 거울을 탐색하기 • 거울에서의 빛의 반사 실험과 평면거울, 오목거울, 볼록거울에서의 내 모습의 변화를 관찰하기 • 거울상의 대칭성을 탐구하기
	2	◈ 거울책 만들기 • 실제상과 거울상을 이용하여 원하는 그림의 모양을 만들어 보기 • 대칭의 원리를 이해하고 이것을 이용하여 반쪽 나비 그림을 꾸며서 거울에 비추어보기 • 화가들의 자화상을 감상하고 거울에 비친 모습을 자화상으로 그려 거울책 북아트 작품을 만들기
준비물		거울이 소재로 쓰인 여러 미술작품 자료, 거울 만화경, 조화, 레이저포인터, 평면거울, 볼록거울, 오목거울, 색지, 거울시트지, 끈, 색연필, 화가들의 자화상 자료

✎ 융합적 요소 및 교육과정 연계성

융합적 요소	학습 목표	교육과정
M 수학		
수학적 추론능력	• 여러 가지 모양의 도형을 보고, 대칭이 되는 도형의 특징을 추론할 수 있다.	**2-1-2. 여러 가지 도형** - 삼각형, 사각형, 오각형, 육각형 알기 **3-1-3. 평면도형** - 여러 가지 평면도형 알기 **5-2-3. 도형의 대칭** - 여러 가지 도형의 대칭 알기
개념 및 원리의 이해	• 여러 가지 도형의 모양을 알고 거울을 이용하여 실제상과 거울상의 대칭성을 이해할 수 있다.	
문제해결 능력 의사소통 능력	• 대칭을 이용하여 주어진 반쪽 도형의 완전한 모습을 예측하고 발표할 수 있다.	

융합적 요소	학습 목표	교육과정
A 예술		
미적 감수성 표현 능력 비판적 사고력 창의적 사고력	• 거울의 대칭상을 이용하여 북아트를 경험하고 거울을 이용하여 자화상을 그려 볼 수 있다.	**2-나. 나의 몸** - 몸으로 표현해요 - 몸 그리기 **3/4-3. 작품감상** - 여러 예술작품 감상하기 **3/4-5. 관찰표현** - 자기얼굴을 관찰하여 그리기
S 과학		
기본 개념 이해	• 빛의 여러 가지 성질 가운데 반사의 성질을 알아본다.	**6-1-1. 빛** - 빛의 여러 가지 성질 알기
현상에 대한 관심	• 거울 종류에 따른 상의 모습을 관찰하고 두 개의 거울 사이의 각의 변화에 따른 차이도 관찰한다.	
과학적 탐구 능력	• 거울을 놓는 위치에 따른 상의 변화를 예측하고 거울의 특성을 탐구한다.	

✎ 지도상의 유의점

- 유리로 된 거울의 경우 유아가 사용하기에 위험할 수 있으므로 거울 시트지를 대신 사용하도록 한다. 시트지는 구부릴 수 있으므로 모양에 따라 평면거울, 볼록거울, 오목거울의 역할을 동시에 할 수 있다.
- 거울은 책에 끈을 이용하여 달아주어 각 그림에서 사용하고 책의 부속물이 되도록 고정해 제시하는 것이 좋다.
- 주어진 재료를 활용하여 거울책을 만들고자 할 때, 어떤 그림을 그리면 아름답게 구성할 수 있을지에 대해 충분히 생각을 나눈 후, 직접 만들어 볼 수 있게 지도한다.

✎ 교수·학습 과정안(1차시)

활동명	거울아 거울아
활동주제	거울 탐색하기
학습목표	• 빛의 성질 가운데 반사를 알 수 있다. • 거울에 비친 상의 모습을 관찰하고 대칭의 성질을 알 수 있다.
준비물	여러 화가들의 거울 소재 그림들의 사진, 거울, 레이저포인터, 거울 만화경, 조화, 볼록거울, 오목거울, 데칼코마니 작품, 색종이, 가위
수업흐름	**교수학습 활동 내용 및 수업의 전개**
도입	◈ 준비 활동 • 노먼 록웰 〈거울을 보고 그리는 자화상〉, 벨라스케스 〈시녀들〉, 얀 반 에이크 〈아르놀피니 부부의 초상〉 등의 그림을 감상하고 이 그림 속에 모두 들어 있는 물건을 생각해보기 • LG사이언스랜드의 과학송 〈올록볼록송〉을 들어보고 무엇에 관한 노래인지 생각해보기 • 삼각뿔 모양의 거울만화경에 조화 한 송이를 넣으면 여러 개로 보이는 과학 마술을 보여주고 삼각뿔 모양의 통을 만든 재료를 생각해보기 • 위의 세 가지 활동을 통하여 공통적인 소재가 거울임을 유추해내기
전개	◈ 빛의 반사를 탐구 • 레이저포인터로 빛의 직진을 보여주기 • 거울을 중간에 대면 반사되어 레이저포인터 불빛이 반대편에 나타나는 것을 실험하기 ◈ 여러 가지 거울의 특성 탐구 • 거울 시트지를 가지고 평면거울, 오목거울, 볼록거울에서의 내 모습이 비친 상의 모양과 크기를 관찰하고 거울의 특징을 탐구하기 • 각각의 거울이 우리 생활에서 쓰이는 경우를 알아보기 ◈ 거울상의 대칭성 탐구 • 거울에 반사된 상의 예를 사진자료로 살펴보기 • 여러 가지 도형 그림을 거울에 비추어 보고 대칭성을 관찰하기 • 데칼코마니나 종이오리기 같은 예술작품에서 대칭성을 발견하기

정리	◈ 정리 및 적용 • 거울을 이용한 물건에 대해 발표하기 ◈ 차시 연계 • 거울을 이용하여 책을 만든다면 어떤 책을 만들고 싶은지에 대해 발표하기

✎ 교수·학습 과정안(2차시)

활동명	거울책을 만들어요
활동주제	거울책 만들기
학습목표	• 거울의 반사와 대칭성을 활용하여, 아름다운 거울책을 만들 수 있다. • 화가들의 자화상을 감상하고 거울에 비친 자신의 모습을 그릴 수 있다.
준비물	거울 시트지, 색지, 끈, 색연필, 여러 화가의 자화상 사진자료
수업흐름	**교수학습 활동 내용 및 수업의 전개**
도입	◈ 준비활동 • 거울책의 구성 확인하기 지난 시간에 알아본 빛의 반사와 거울상의 대칭 원리를 바탕으로 거울책의 부속물인 거울과 표지, 네 면의 구성을 확인하기 ◈ 문제 상황 제시 • 거울을 이용하여 상을 만들 때 고려해야 하는 요소가 무엇인지에 대해 이야기 나누기 • 화가들의 자화상을 보여주고 거울에 비친 자신의 모습을 관찰하여 자화상을 그리기
전개	◈ 아름다운 거울책 만들기 • 반쪽 그림을 거울에 비추어보고 완전한 대칭 그림이 되는 것을 확인하기 • 숫자나 글자를 비추어 보고 모양을 관찰하기, 뒤집힌 글자를 거울에 비추어 바로보기 • 거울의 각도를 조절하여 거울에 비친 상의 크기나 모양 변화를 관찰하기 • 거울의 위치를 변화시켜서 원하는 그림의 개수를 얻는 방법을 찾아보기 • 반쪽만 그려진 나비 도안을 아름답게 색칠하고 거울에 비추어 완전한 모습이 보이는지 관찰하기, 반대편에 거울을 대보고 나비가 사라지는지 관찰하기

	◈ 자화상 그리기 • 고흐, 세잔, 렘브란트, 이중섭 등의 화가들의 자화상 작품을 감상하기 • 내 얼굴을 거울에 비추어 보고 관찰하기 • 거울책에 자화상을 그려보기 ◈ 만든 거울책 감상하기 • 각자 만든 거울책을 발표하기 • 서로의 작품을 감상하기
정리	◈ 정리 및 적용 • 거울책 만들기에 활용된 수학·과학적 원리에 대해 정리하고, 예술작품을 감상한 소감이나 새롭게 알게 된 점, 흥미로웠던 점에 대해 이야기 나누기

거울책을 만들어요

활동 1 그림 속에서 거울을 찾아보아요.

활동 2 거울 놀이를 해보아요.

▣ 거울의 위치를 바꾸어 가면서 관찰해보아요

1. 굵은 선에 거울을 대면 어떤 도형으로 보일까요?

2. 나는 남자일까요, 여자일까요?

3. 나비가 나타났다, 사라졌다?

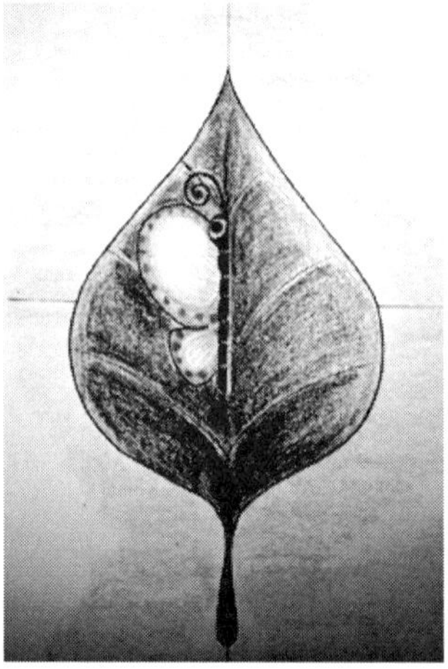

4. 원하는 모양을 만들어 보아요.

① 하트 4개만 보이게 거울을 대어 보세요.

② 꽃이 4개만 보이게 거울을 대어 보세요.

③ 꽃 3개와 하트 1개만 보이게 하려면 어느 위치에 거울을 놓아야 할까요?

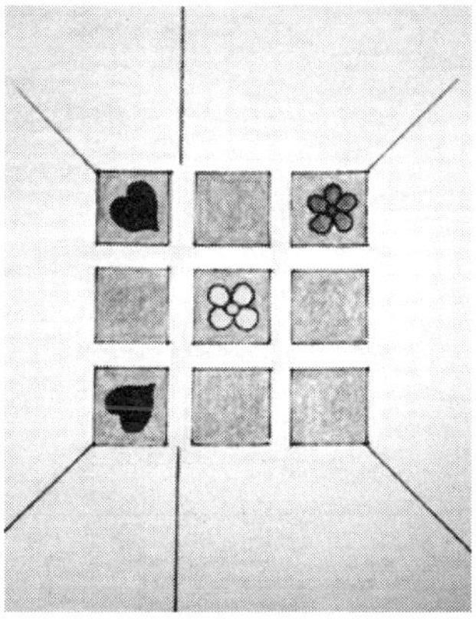

활동 3 자화상을 그려보아요.

▣ 여러 화가들의 자화상을 감상하고 거울을 이용하여 내 얼굴을 그려보아요.

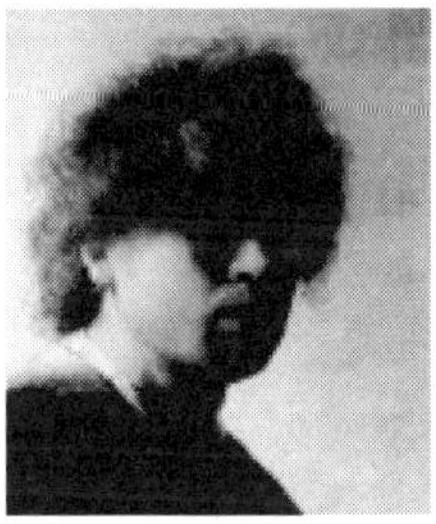

MAS 수업 이렇게 활동했어요

1차시	활동명	거울아 거울아
	활동내용	명화 속의 거울 찾아보기

활동 자료

 〈아르놀피니 부부의 초상〉 (출처: http://arts.search.naver.com/service.naver?where=arts_detail&query=%EC%A7%80%EC%98%A4%EB%B0%98%EB%8B%88+%EC%95%84%EB%A5%B4%EB%86%80%ED%94%BC%EB%8B%88%EC%99%80+%EA%B7%B8%EC%9D%98+%EB%B6%80%EC%9D%B8%EC%9D%98+%EC%B4%88%EC%83%81+%28%EC%95%84%EB%A5%B4%EB%86%80%ED%94%BC%EB%8B%88%EC%9D%98+%EC%95%BD%ED%98%BC%29&os=485218)	 〈시녀들〉 (출처: http://arts.search.naver.com/service.naver?where=arts_detail&query=%EB%B2%A8%EB%9D%BC%EC%8A%A4%EC%BC%80%EC%8A%A4%20%EC%8B%9C%EB%85%80%EB%93%A4&os=484890)	 〈거울을 보고 그리는 자화상〉 (출처: 노만 록웰 뮤지움 사이트 http://www.nrm.org/dev/)

학생 사례

교사 Tip

1. 학생들에게 거울이 소재로 쓰인 여러 가지 명화를 보여주도록 한다.
2. 학생들로 하여금 거울의 특징을 생각해 보도록 하고, 빛의 반사와 상의 대칭성을 발견하면 다음 활동을 안내하도록 한다.
3. 대칭성을 경험할 수 있도록 물감을 이용하여 데칼코마니 미술 작품을 만들어본다.

2차시	활동명	거울책을 만들어요
	활동내용	거울 놀이를 해보아요

활동 자료 – 거울의 위치에 따라 다르게 보이는 그림 자료 관찰하기

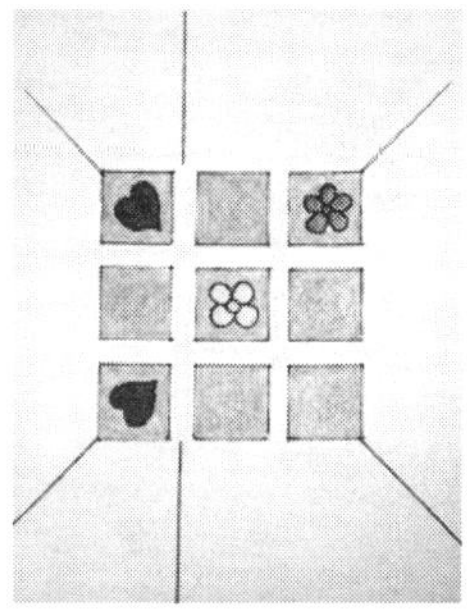

학생 사례

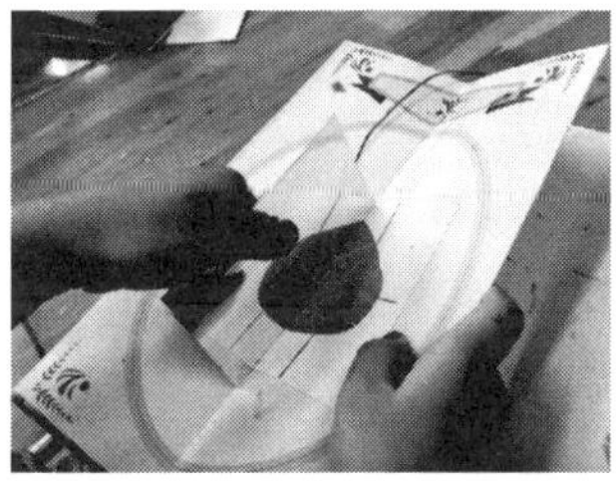

교사 Tip

1. 자료 그림의 여러 위치에 거울을 대어보고 거울에 비친 상의 모습을 관찰하여 보도록 한다.
2. 교사가 제시한 개수의 그림이 보이게 하려면 거울 위치를 어떻게 하면 되는지 생각해보도록 하여 원하는 상을 얻을 수 있도록 한다.

2차시	활동명	거울책을 만들어요
	활동내용	자화상을 그려보아요

활동 자료 – 명화 속의 자화상

〈고흐의 자화상〉	〈세잔의 자화상〉	〈렘브란트의 자화상〉	〈이중섭의 자화상〉
http://arts.search.naver.com/service.naver?where=arts_detail&query=%EA%B7%80%EA%B0%80+%EC%9E%98%EB%A6%B0+%EC%9E%90%ED%99%94%EC%83%81&os=698956	http://arts.search.naver.com/service.naver?where=arts_detail&query=%EC%9E%90%ED%99%94%EC%83%81&os=683309	http://arts.search.naver.com/service.naver?where=arts_detail&query=%EC%A0%8A%EC%9D%80+%EC%8B%9C%EC%A0%88%EC%9D%98+%EC%9E%90%ED%99%94%EC%83%81&os=698321	http://arts.search.naver.com/service.naver?where=arts_detail&query=%EC%9E%90%ED%99%94%EC%83%81&os=714078

학생 자료 – 거울을 통해 자신의 얼굴을 관찰하고 자화상 그리기

교사 Tip

1. 여러 화가들의 자화상을 감상해보고 자신을 그리기 위해서 거울을 이용하였다는 점을 알아본다.
2. 거울을 통해 관찰한 자신의 얼굴을 그려보고 어떤 모습인지 발표하도록 한다.

교사용 참고 자료

※ 빛의 성질

직진 : 빛이 성질이 같은 물질 내에서는 곧게 나아가는 현상

반사 : 빛이 나아가다가 물체의 표면에 부딪쳐 되돌아 나오는 현상

굴절 : 빛이 성질이 다른 물질을 지날 때 그 경계면에서 경로가 꺾이는 현상

분산 : 빛이 여러 색으로 나누어지는 현상

※ 거울의 종류

	오목 거울	볼록 거울
특징	가까운 곳에 있는 물체는 크게 확대되어 보이고 먼 곳에 있는 물체는 거꾸로 된 상으로 작게 보인다.	가까운 곳이나 먼 곳이나 물체와의 거리에 관계 없이 항상 바로 선 모습으로 작게 보인다.
용도	손전등, 현미경의 반사경	자동차의 후면경, 매장안의 거울, 교차로의 거울

※ 두 개의 거울 사이의 각도에 따른 상의 개수 변화

- 두 개의 거울 사이의 각도가 작아질수록 상의 개수는 증가

거울 사이의 각도	120도	90도	72도	60도	45도	30도
상의 개수	3	4	5	6	8	12

※ 선대칭도형이란 도형의 내부에 있는 한 직선(대칭축)을 중심으로 접었을 때 양쪽 부분이 서로 완전히 겹쳐지는 도형을 말한다.

※ 거울책의 예시

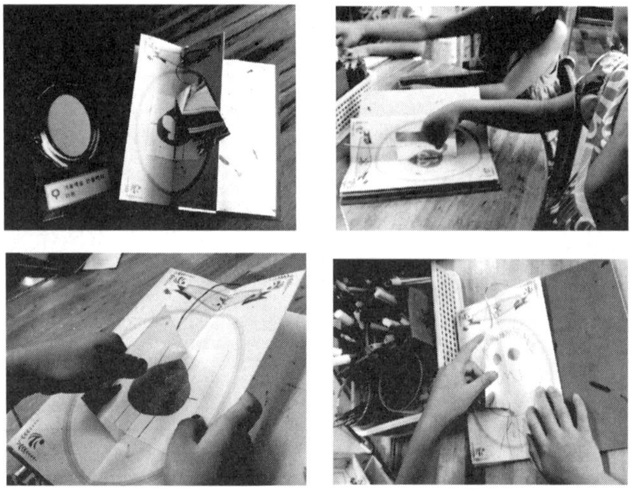

A2 빙글빙글 방울뱀

✎ 활동 개요

본 활동은 공기의 진동에 의해 소리가 나는 과학적 원리와 공기의 양과 소리의 높낮이의 관계를 아는 수학적 추론과 빙글빙글 방울뱀 집을 멋지게 꾸며보는 미술적 활동이 종합적으로 포함되어 있다.

모양이 같은 유리병에 물의 양을 다르게 넣어 병 입구를 나무막대로 쳐 병 안의 물을 진동시켜 소리를 내보면서 어린이들은 자연스럽게 소리가 진동에 의해 나는 것임을 알게 될 것이다.

1차시에서는 어린이들이 공기분자가 되어 제자리에서 움직여보며 공기가 진동하여 소리가 전달되는 것임을 체험을 통해 알게 된다. 긴 플라스틱 관과 짧은 플라스틱 관을 불었을 때 나는 소리의 높낮이가 다름을 인식하여 실제 유리병에 물의 양을 다르게 담아 유리병 실로폰을 어린이들이 만들어 보도록 한다.

2차시에서는 인도에서 피리를 불면 바구니 뚜껑을 열고 고개를 흔들며 나오는 코브라 동영상을 보며 코브라가 왜 피리소리를 듣고 춤을 추듯이 움직이는지 이야기를 나누어본다. 이로써 파충류인 뱀은 소리가 아닌 진동으로 위험을 느껴 경계태세를 갖추는 것임을 인지한다. 종이컵에 연결된 빨대로 다양한 음정의 소리를 내어 컵을 진동시키는 음을 찾고 그 진동으로 모루로 만든 모형 뱀이 빙글빙글 도는 모습을 관찰할 수 있다.

	차시	주요 활동 내용
활동내용	1	◈ 소리의 전달 • 양팔 간격으로 떨어져 귓속말로 단어 전달하기 • 가까이 서서 귓속말로 단어 전달하기 • 제자리에서 움직이는 진동에 대해 알기 • 귓속말이 퍼져나가는 파동에 대해 알기 ◈ 유리병 연주 • 길이가 긴 플라스틱 관과 짧은 플라스틱 관 불어보기 • 낮은 소리와 높은 소리 들어보기 • 유리병에 물의 양이 많을수록 낮은 소리가 나는 것 알기 • 유리병에 물의 양을 다르게 담아 낮은 소리부터 높은 소리 순으로 배열하기 • 유리병으로 연주해 보기
	2	◈ 빙글빙글 방울뱀 만들기 • 색종이를 이용해 방울뱀 집 꾸미기 • 모루에 방울을 매달고 뱀 모양 만들기 • 종이컵에 구멍을 뚫어 빨대를 꽂고, 종이컵 바닥에 모루로 만든 모형방울뱀을 올려놓고 빨대를 불어 소리를 내어 뱀을 움직여 보기
준비물		유리컵 연주 동영상, 길이가 다른 플라스틱 관, 같은 크기의 유리병, 나무막대, 종이컵, 빨대, 모루, 방울, 스카치테이프, 가위, 색종이, 풀

✎ 융합적 요소 및 교육과정 연계성

융합적 요소	학습 목표	교육과정
M 수학		
수학적 추론능력	• 기초적인 측정하기 • 규칙성 이해하기	**1-1-4.** 비교하기 - 길이, 높이, 무게, 넓이, 양 비교하기
개념 및 원리의 이해	• 일상생활에서 길이, 크기, 무게, 들이 등의 속성을 비교할 수 있다. • 임의 측정 단위를 사용하여 길이, 면적, 들이, 무게 등을 잴 수 있다. • 생활주변에서 반복되는 규칙성을 알고 다음에 올 것을 예측할 수 있다. • 스스로 규칙성을 만들 수 있다.	

융합적 요소	학습 목표	교육과정
문제해결 능력 의사소통 능력	• 플라스틱 관의 길이에 따라 소리의 높낮이가 다른 것을 알 수 있다. • 유리병에 담긴 물의 양에 따라 소리의 높낮이가 다른 것을 알 수 있다.	**2-1-4. 길이재기** - 임의 단위로 길이재기 **3-2-5. 들이와 무게** - 들이와 무게의 단위 알기 **3-1-8. 규칙찾기과 문제해결** - 규칙을 찾아 문제 해결하기
A 예술		
표현 능력	• 다양한 모양의 악기로 음정, 셈여림, 빠르기 등을 탐색할 수 있다. • 유리병 악기를 연주할 수 있다. • 다양한 미술 활동으로 자신의 생각과 느낌을 표현할 수 있다.	**1-1-봄. 봄맞이** - 봄이 오는 소리 다양하게 표현하기 **2-1-봄. 봄이 왔어요.** - 봄의 날씨를 악기로 표현하기
비판적 사고력 창의적 사고력	• 다양한 음악, 미술작품 등을 듣고, 보며 즐길 수 있다. • 나와 다른 사람의 예술 표현을 소중히 여길 수 있다. • 예술 활동에 참여하여 창의적으로 표현하는 과정을 즐길 수 있다.	**2-1-여름. 여름풍경** - 도화지 속 여름 표현하기 **2-1-나. 나의 꿈** - 친구의 작품 감상하고 칭찬하기
S 과학		
기본 개념 이해	• 궁금한 점을 알아보는 탐구과정에 참여하고 즐길 수 있다. • 일상생활의 문제를 해결하는 과정에서 탐색, 관찰, 비교, 예측 등의 탐구기술을 활용할 수 있다. • 주변의 여러 가지 물체와 물질의 기본 특성을 알 수 있다. • 생활 속에서 간단한 도구와 기계를 활용할 수 있다.	**1-1-봄. 봄맞이** - 봄 오는 소리 **1-1-여름. 여름이 왔어요** - 여름 소리 흉내내기

융합적 요소	학습 목표	교육과정
현상에 대한 관심	• 소리가 나는 현상에 대해 관심을 가질 수 있다. • 소리가 전달되는 것에 대해 관심을 가질 수 있다. • 크기와 모양에 따라 다른 소리가 나는 것을 알 수 있다. • 소리로 방울뱀을 회전시킬 수 있다는 것을 알 수 있다.	**3-1-1. 우리 생활과 물질** - 공기가 있음을 알기
과학적 탐구 능력	• 플라스틱관의 길이에 따라 소리의 높낮이가 달라짐을 알 수 있다. • 유리병에 담긴 물의 양이 적어짐에 따라 높은 소리가 남을 알 수 있다. • 소리가 나는 현상은 눈으로도 볼 수 있다.	

✎ 지도상의 유의점

- 소리의 전달 놀이는 어린이 한명 한명이 분자라고 생각하고 진행하며, 바짝 붙어 소리를 전달하는 것은 고체물질이 경우로 소리가 빨리 전달되며, 양팔 간격으로 늘어선 것은 기체의 경우로 천천히 전달된다. 이때 단어전달은 반드시 귓속말로 진행하고 어린이들은 뛰지 말고 걸어야 하며 단어를 전달하고 반드시 제자리로 돌아와야 한다.
- 유리병은 크기가 같은 것으로 준비하고 나무막대로 칠 때 가능한 같은 크기의 힘으로 병 입구를 치도록 한다. 소리가 크면 높은 소리로 착각할 수 있다.
- 방울뱀 모형을 만들 때 모루는 짧은 길이를 사용하는 것이 빙글빙글 도는 것을 확인하기 쉽다. 방울뱀 집을 꾸밀 때 너무 많은 색종이와 풀을 많이 사용하지 않는다.
- 빨대를 통해 소리를 낼 때 낮은 소리에서 높은 소리로 내보면서 방울뱀이 빨리 도는 소리를 찾아낸다.
- 너무 오랫동안 소리를 내게 되면 약간의 어지러움을 야기할 수 있다.

✎ 교수 · 학습 과정안(1차시)

활동명	유리병 연주
활동주제	낮은 소리와 높은 소리
학습목표	• 유리병의 물이 많을수록 낮은 소리가 남을 알 수 있다. • 물의 양을 조절하여 다양한 소리를 낼 수 있다.
준비물	크기가 같은 유리컵, 물, 나무막대, 큰 페트병, 작은 페트병
수업흐름	교수학습 활동 내용 및 수업의 전개
도입	◈ 준비 활동 • 크기가 다른 페트병을 불어 소리 내보기 • 유리잔 연주 동영상 보기 • 다양한 소리가 어떻게 날 수 있었는지 이야기 나누기 • 준비한 유리컵을 보여주고 악기를 만들 수 있는 방법에 대해 이야기 나누기 ◈ 소리의 전달 놀이하기 • 이 놀이는 단어를 전달하여 가장 뒤에 서 있던 어린이가 정답을 외칠 때까지 걸린 시간을 측정해 보는 놀이로 어린이들은 소리의 전달과정을 이해하게 된다. • 선생님과 어린이들이 양팔 간격으로 한 줄로 길게 늘어선다. • 선생님은 옆의 어린이에게 귓속말로 한 단어를 이야기한다. • 소리를 전달받은 어린이는 그 옆의 어린이에게 걸어가서 귓속말로 전하고 다시 제자리로 돌아온다(진동). • 제일 마지막 어린이가 귓속말을 듣고 선생님께 알린다(파동). • 선생님과 어린이들이 바짝 붙어 서서 같은 과정을 되풀이한다.
전개	◈ 크기에 따른 소리의 차이 • 크기가 다른 빈 페트병의 입구에 입을 대고 소리를 낸다. • 큰 페트병에서 낮은 소리가 나고, 작은 페트병에서 높은 소리가 남을 안다. • 페트병 안에 공기가 들어 있음을 안다. • 페트병의 크기가 다양하면 여러 가지 높이의 소리를 낼 수 있다. ◈ 유리병 실로폰 만들기 • 유리병 5개에 물의 양을 다르게 넣는다. • 유리병 입구를 나무막대로 쳐보며 음정을 찾는다. • 물의 양을 조절한다. • 왼쪽부터 낮은 음을 차례로 배열한다. • '나비야' 노래를 연주한다.

<table>
<tr><td>정리</td><td>◈ 정리 및 적용
• 유리병에 물이 많을수록 낮은 소리가 나고 물이 적을수록 높은 소리가 남을 알 수 있다.
◈ 차시 연계
• 유리병을 쳐서 소리가 났다면 반대로 소리를 내서 물체를 진동하게 할 수는 없을까?</td></tr>
</table>

✎ 교수·학습 과정안(2차시)

<table>
<tr><td>활동명</td><td>빙글빙글 방울 뱀</td></tr>
<tr><td>활동주제</td><td>공명으로 움직이는 방울뱀 만들기</td></tr>
<tr><td>학습목표</td><td>• 종이컵을 떨게 하는 소리를 찾을 수 있다.
• 종이컵 바닥에 모루로 뱀을 만들어 올리고 빨대로 소리를 내어 빙글빙글 돌릴 수 있다.</td></tr>
<tr><td>준비물</td><td>큰 종이컵, 작은 종이컵, 빨대, 모루, 색종이, 풀, 가위, 스카치테이프, 송곳, 방울 등</td></tr>
<tr><td>수업절차</td><td>교수학습 활동 내용 및 수업의 전개</td></tr>
<tr><td>도입</td><td>◈ 준비활동
• 빙글 빙글 방울뱀의 구성 확인하기
지난 시간에 알아본 공기의 양과 소리의 높낮이에 대한 실험을 바탕으로 종이컵과 빨대, 모루, 방울 준비하기
◈ 문제 상황 제시
• 인도의 피리소리에 맞추어 춤을 추는 코브라 영상 보여주기
• 종이컵 위의 방울뱀을 돌리기 위한 방법에 대해 이야기해보기</td></tr>
<tr><td>전개</td><td>◈ 빙글빙글 방울뱀 만들기
• 종이컵 옆면에 연필이나 뾰족한 것을 이용해 구멍을 뚫는다.
• 모루의 한쪽 끝에 방울을 매단다.
• 모루를 둥글게 말아 뱀 모양으로 만든다.
• 뚫은 구멍에 빨대를 꽂는다.
• 평평한 바닥에 종이컵을 거꾸로 세우고 바닥면에 똬리 모양의 방울뱀을 올려놓는다.
• 빨대를 불어 방울뱀이 빙글빙글 돌아가며 소리를 내는 모양을 관찰한다.</td></tr>
</table>

<table>
<tr><td></td><td>◈ 방울뱀 집 꾸미기
• 색종이를 원하는 모양으로 잘라 종이컵에 붙인다.
• 종이컵에 방울뱀이 사는 집 모양을 꾸며본다.

◈ 빨리 도는 방울뱀 찾기
• 낮은 소리부터 점점 높은 소리를 내보며 방울뱀이 가장 빨리 도는 소리를 찾아본다.
• 방울뱀의 모양을 변화시켜보며 빨리 도는 방울뱀의 모양을 찾아본다.</td></tr>
<tr><td>정리</td><td>◈ 정리 및 적용
• 방울뱀이 빙글빙글 돌게 된 과학적 원리에 대해 정리하고, 새롭게 알게 된 점, 흥미로웠던 점에 대해 이야기 나누기</td></tr>
</table>

빙글빙글 방울뱀

활동 1 유리병 연주

▣ 낮은 소리가 난 유리병부터 높은 소리가 난 유리병까지 차례로 물의 높이를 그려보아요.

▣ 실로폰의 생김새를 살펴보아요.

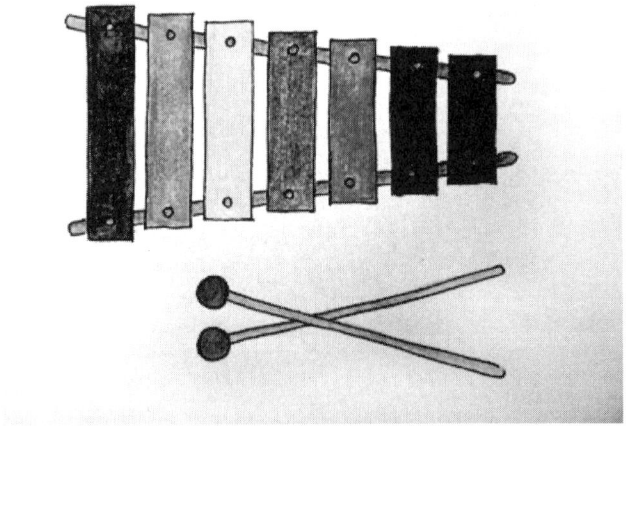

활동 2 빙글빙글 방울뱀

▣ 방울뱀을 예쁘게 색칠해 보아요.

▣ 방울뱀의 집을 예쁘게 꾸며 봅시다.

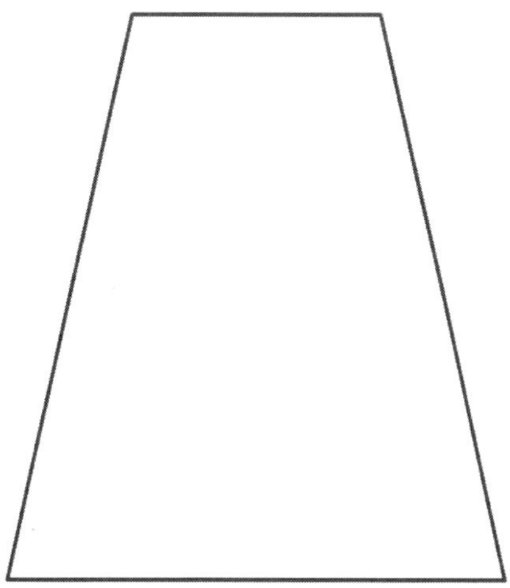

MAS 수업 이렇게 활동했어요

1차시	활동명	유리병 연주
	활동내용	소리 전달 놀이

활동 자료

고체

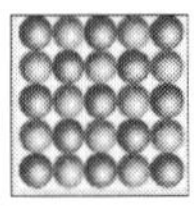

액체

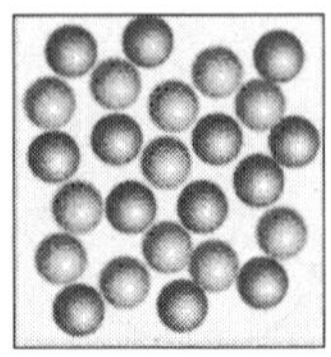

기체

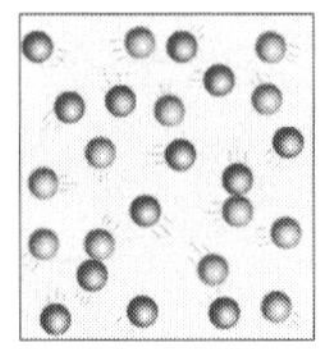

기체보다는 액체에서, 액체보다는 고체에서 소리의 속도가 빠르며 또한 매질의 온도가 높을수록 소리의 속도가 빠르다.

학생 사례

고체

액체

기체

교사 Tip

활동규칙 : 짧은 단어를 선택하여 다른 어린이가 듣지 못하도록 귓속말로 옆 어린이에게 전달하고 자기자리로 되돌아와야 한다. 선생님이 첫 번째 어린이에게 단어를 전달할 때부터 마지막 어린이가 선생님께 걸어와 단어를 전달할 때까지의 시간을 기록한다.

1차시	활동명	유리병 연주
	활동내용	유리병 연주

활동 자료

교사 Tip 같은 종류의 유리병을 사용하며, 음의 높낮이에 따라 색을 다르게 할 수 있다. 한두 개만 제외하고 미리 음정을 맞추어 놓는다.

2차시	활동명	빙글빙글 방울뱀
	활동내용	방울뱀과 방울뱀 집 만들기

학생 사례

교사 Tip

1. 모루는 5cm 정도가 적당하다. 빨대를 입에 물고 "음~" 소리를 낮은 음부터 높은음까지 높여가다 보면 모루로 만든 뱀이 빙글빙글 돌기 시작하는 음을 찾을 수 있다.
2. 방울뱀 집은 색종이를 접어 같은 크기의 삼각형을 오려 미리 준비해서 사용하며, 종이컵에 붙여 다양한 모양을 낼 수 있다.

교사용 참고 자료

※ 물체가 진동을 하면 그 진동이 공기 중으로 전달되어 우리의 고막을 진동시켜 소리를 듣게 된다. 또한 물체의 밀도가 높거나 온도가 높으면 소리의 전달속도가 빠르다. 고체는 공기 중보다 소리의 속도가 약 14배 정도 빠르고 낮에는 지면의 온도가 지상보다 높아 소리가 위로 휘고 반대로 밤에는 지면의 온도가 지상보다 낮아 소리가 아래로 휘는 효과가 발생한다.

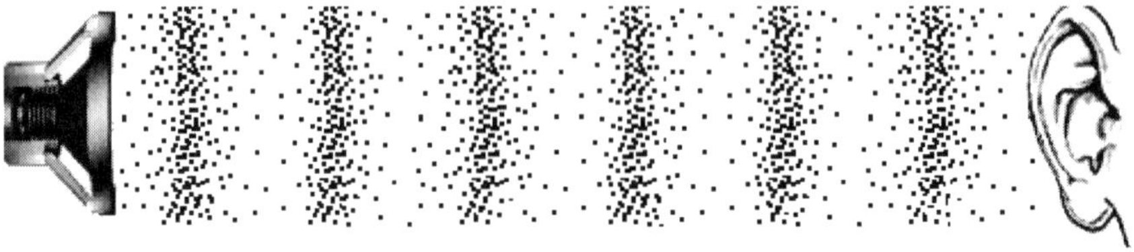

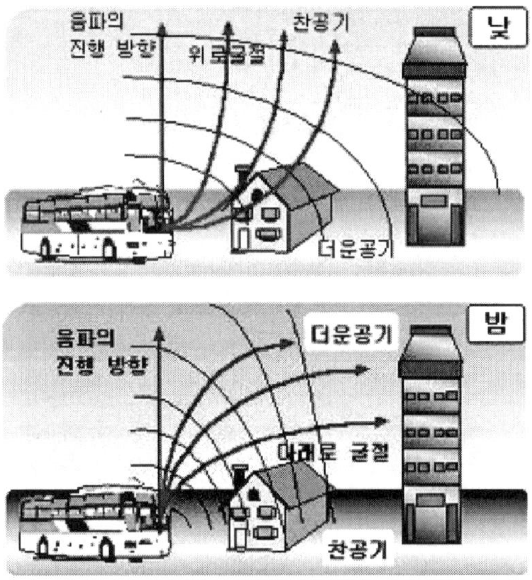

이미지출처: 사이언스올

※ 물체의 부피가 크면 낮은 음의 소리가 발생된다. 관악기나 실로폰의 경우 길이가 길수록 낮은 음을 내며, 타악기의 경우처럼 높이가 같을 때는 부피가 큰 쪽이 낮은 음의 소리를 낸다. 유리병 같은 경우 물의 양이 많을수록 낮은 음의 소리가 난다.

A3 무늬 나라

✎ 활동 개요

본 활동은 우리 주변에서 볼 수 있는 다양한 무늬의 발견을 통해, 우리 생활 속 '수학'에 대한 친밀감과 수학의 필요성을 경험하도록 구성하고 있다. 4학년 1학기의 도형의 이동(밀기, 뒤집기, 돌리기)과 4학년 2학기 여러 가지 모양으로 공간을 덮는 활동과 연계하여 진행된다.

도형에 대한 감각을 익히는 단계로, 후속학습인 도형의 이동을 경험하고, 여러 가지 모양으로 공간을 덮는 테셀레이션(tessellation)을 통해 아름다운 무늬의 규칙을 발견하도록 한다. 특히 NIE(Newspaper In Education, 신문활용교육)을 수업에 적용하여 빈틈없이 겹치지 않는 테셀레이션의 원리와 실생활 자료, 즉 신문에서 직접 자료를 검색, 수집하고 탐구하도록 한다. 스스로 탐구활동을 통해 테셀레이션과 테셀레이션이 아닌 무늬의 차이점을 이야기해 보게 한다.

이런 활동을 통해 나만의 '무늬 꾸미기'를 직접 체험하여 보고, 스스로 테셀레이션의 규칙성을 경험하여 수학적 규칙성과 공간감각, 창의적 아이디어를 향상시킬 수 있다. 또한, 생활 속 환경을 디자인하는 미술적 감각과 그림자 현상 등과 같이 자연현상과 관련된 관찰력과 탐구력을 신장하여 주변에 대한 통합적인 이해가 가능하게 한다.

	차시	주요 활동 내용
활동내용	1	◈ 생활 속의 무늬 찾기 • 미술, 생활 벽화, 포장지 등의 생활 속에서 볼 수 있는 규칙적으로 채워진 무늬 찾기, 공간 채우기: 주변의 무늬를 찾고, 신문을 활용하여 공간(빈틈없지만, 겹쳐지는 부분 발견)을 채워보는 활동(NIE) • 색 천짜기를 통해 빈틈없이 겹치지 않게 평면공간을 꾸며보는 활동 ☞ 본 활동을 통해 공간을 빈틈없이 채우는 다양한 활동을 체험하고, 겹치지 않고, 남은 공간없이 채우는 방법에 대해 생각해 보게 하는 동기유발을 하게 된다.
	2~3	◈ 빈틈없이 공간 덮기 • 패턴 블록, 펜토미노, 자석 칠교놀이, 마름모퍼즐 등을 가지고, 주어진 빈 공간을 덮는 활동을 통해 빈틈없이 채우는 방법을 탐구하는 활동
준비물		신문지(2인당 1부), 펜토미노, 마름모퍼즐, 칠교놀이, 패턴 블록, A4 크기의 머메이드지, 2가지 색(각 10장), 머메이드지/색지 A4 크기, 흰색(1인당 2장), 테셀레이션 도마뱀본, 가위, 풀, 색연필

✎ 융합적 요소 및 교육과정 연계성

융합적 요소	학습 목표	교육과정
M 수학		
수학적 공감각	• 우리 주변에서 발견할 수 있는 수학적인 개념과 의미가 들어 있는 흥미로운 모양을 관찰한다. 이 과정을 통해 도형의 각의 크기, 대칭과 변환, 합동 등으로 이루어진 수학적 공감각 요소를 경험할 수 있다. 더불어 학생들이 테셀레이션이 가능한 정다각형(정삼각형, 정사각형, 정육각형)이라는 사실도 스스로 알 수 있다.	**1-2-2. 여러 가지 모양** - 여러 가지 모양 알기 - 여러 가지 모양으로 꾸미기 **2-1-2. 여러 가지 도형** - 여러 가지 평면 도형 알기 **4-2-4. 사각형과 다각형** - 주어진 여러 가지 도형으로 평면 덮기(테셀레이션)
문제해결 능력 의사소통 능력	• 테셀레이션이 가능한 정다각형(정삼각형, 정사각형, 정육각형)을 이용하여 우리 주변환경을 꾸미는 규칙성을 발견할 수 있다. • 문제를 해결하기 위해 모둠원들과 토의하며 문제해결 방법을 친구들에게 발표할 수 있다.	**5-1-5. 도형의 합동** **5-2-3. 도형의 대칭** - 무늬 만들기 - 합동과 대칭

융합적 요소	학습 목표	교육과정
A 예술		
미적 디자인	• 공간을 예쁘게 꾸미는 방법을 경험함으로써 아름다움을 느끼고, 자신만의 창의적인 공간 꾸미기를 할 수 있다.	**1-1-봄. 봄맞이** - 봄에 어울리는 색으로 표현해요. **2-1-봄. 봄나들이** -모자이크로 봄 표현하기
표현 능력		
창의적 사고력		
S 과학		
현상에 대한 관심	• 빈틈이나 포개짐이 없이 평면이나 공간을 도형으로 완벽하게 덮는 것이 우리 주변에도 많이 있으며, 스스로 꾸며나갈 수 있다는 사실을 발견할 수 있다.	**3-2-4. 빛과 그림자** - 그림자 살펴보기 - 그림자 만들기
과학적 합리적 사고력 과학적 관찰력	• 과학적 자연현상인 그림자와 같이 흑백의 대비를 통해 겹치지 않고, 구성되는 장면을 관찰해 보고, 과학적인 현상에 대한 관심을 가지고 실생활에 이용하는 합리적 사고 능력을 가질 수 있다.	

✎ 지도상의 유의점

- 테셀레이션 활동의 개념을 이해하게 하는 단계이므로, 도형의 대칭, 이동, 합동과 같은 수학적 용어를 지도하지는 않는다.
- 테셀레이션 활동을 위한 도형 자르기와 오리기로 소모되는 시간이 많지 않도록, 미리 도형이나 색지를 준비하는 것이 좋다. 가위질과 풀칠로 수업이 마무리되지 않도록 유의한다.
- 주어진 재료를 활용하여 공간에 도형을 붙이고, 겹치고, 비우는 활동을 통해 학생들이 스스로 경험할 수 있는 시간을 충분히 제공한다.

✎ 교수·학습 과정안(1차시)

활동명	무늬 나라
활동주제	생활 속의 무늬 찾기
학습목표	• 우리 주변에서 볼 수 있는 테셀레이션의 특징을 탐구하여 테셀레이션 원리를 이해할 수 있다. • 테셀레이션 무늬를 직접 꾸밀 수 있다.
준비물	포장지, 신문, 벽면 등의 테셀레이션 무늬 사례, 신문지(2인당 1부), 가위, 풀
수업흐름	교수학습 활동 내용 및 수업의 전개
도입	◈ 준비 활동 • 신문지를 마음대로 찢어서 조각을 만든 후, 주어진 공간을 채워서 붙이기, 겹치거나 빈틈이 생기는 등 다양한 공간을 신문 조각으로 덮어보기 • 신문으로 공간 덮기 작품을 보며, 미적인 감상을 발표하기 ◈ 문제 상황 제시 • 신문 조각처럼 겹치거나 빈 공간없이 시각적으로 채워진 아름다운 공간을 꾸밀 수는 없을까?
전개	◈ 여러 가지 생활 사례 탐구 • 미술, 생활 벽화, 포장지 등의 생활 속에서 볼 수 있는 규칙적으로 채워진 무늬 찾기 • 같은 모양이 반복되어 색이나 모양을 중심으로 채워진 공간 찾아보기(미술) • 왜 그러한 모양이 테셀레이션에 이용되는지 논의하기 ◈ 테셀레이션의 원리 탐구 : 생활 속의 무늬 찾기 • 색 천짜기를 통해 빈틈없이 겹치지 않게 평면공간을 꾸며보기 • 색 천짜기로 공간을 꾸밀 때 좋은 점과 나쁜 점 발표하기 • 그림자와 같이 겹치지는 않지만, 서로 모양이 다를 때 공간에 대해 생각해보기(과학) • 빈틈은 없지만, 겹치지도 않게 공간을 꾸미는 방법에 대해 생각해 보기
정리	◈ 정리 및 적용 • 신문지 활동과 색 천짜기 활동을 통해 일상생활에서 테셀레이션이 적용되는 예에 대해 발표하기 ◈ 차시 연계 • 내가 직접 공간을 꾸며본다면 어떤 무늬로 공간을 꾸미고 싶은지에 대해서 발표하기

✎ 교수·학습 과정안(2~3차시)

<table>
<tr><td>활동명</td><td>꿈틀꿈틀 도마뱀 벽면을 꾸며요.</td></tr>
<tr><td>활동주제</td><td>'에셔의 도마뱀'본을 통해 테셀레이션으로 공간 꾸미기</td></tr>
<tr><td>학습목표</td><td>• 테셀레이션 무늬를 통해 주변 환경과 어울리게 디자인할 수 있다.</td></tr>
<tr><td>준비물</td><td>펜토미노, 마름모퍼즐, 칠교놀이, 패턴 블록, 머메이드지 A4 크기, 2가지 색(각 10장), 머메이드지/A4용지 A4 크기, 흰색(1인당 2장), 테셀레이션 도마뱀본, 가위, 풀</td></tr>
<tr><td>수업절차</td><td>교수학습 활동 내용 및 수업의 전개</td></tr>
<tr><td>도입</td><td>◈ 준비활동
• 우리 주변에서 쉽게 찾을 수 있는 교구를 통해 테셀레이션 이해하기
지난 시간에 알게 된 테셀레이션의 원리에 따라 빈틈없이 겹치지 않는 공간을 패턴 블록과 펜토미노를 통해 입체적인 감각으로 경험하기
• 2학년 학생은 평면활동 이전에 입체 도형을 먼저 학습하게 되므로, 입체인 패턴 블록과 펜토미노를 통해, 수학과 미술(시각적 공감각, 색감 등)을 확인하기

◈ 문제 상황 제시
• 반복되는 모양을 이용하여 빈틈없이 겹치지 않고, 평면 공간을 꾸밀 수 있을까?</td></tr>
<tr><td>전개</td><td>◈ 빈틈없이 평면에 무늬 꾸미기
• 자석 칠교놀이, 마름모퍼즐 등을 가지고, 주어진 빈 공간을 덮는 활동을 통해 빈틈없이 채우는 방법을 탐구하는 활동하기
• 칠교의 다양한 모양 도형과 마름모의 같은 모양 도형을 이용하여 공간 꾸미기(미술)
• 어떤 도형으로 공간을 꾸몄을 때 공간이 아름다워지는지 생각해보기

◈ 테셀레이션 '에셔의 도마뱀'으로 공간 꾸미기
• 에셔의 도마뱀 모양 예시본을 보고, 똑같이 8장 만든 후, 제한된 시간 동안 빈틈없이 책상 위를 채워보기/꾸미기
• 도마뱀 모양이 빈틈없이 책상 위를 채웠는지, 어떤 규칙으로 이동하면 빈틈없이 채워질 수 있는지 생각해보기

◈ 테셀레이션 '에셔의 도마뱀'으로 공간 확인하기
• 개인별로 만든 테셀레이션 공간 도형이 어떤 원리로 만들어졌는지 발표하기
• 테셀레이션 작품에서 어떤 시각적인 감각이 느껴지는지 발표하기(미술)
• 테셀레이션으로 공간을 꾸미기 쉬운 방법을 다른 사람과 이야기하기</td></tr>
<tr><td>정리</td><td>◈ 정리 및 적용
• 테셀레이션에 활용된 수학·미술적 원리에 대해 정리하고, 새롭게 알게 된 점이나 흥미로웠던 점에 대해 이야기 나누기</td></tr>
</table>

꿈틀꿈틀 아름다운 벽을 만드는 도마뱀을 꾸며요

활동 1 생활 속의 무늬 찾기

1. 생활 속에서 여러 가지 무늬를 찾아 보세요.

2. 주어진 신문지를 자유롭게 찢거나 오려서 아래 사각형이 보이지 않게 덮어 보세요.

활동 2 꿈틀꿈틀 도마뱀 벽면을 꾸며요

1. '에셔'라는 사람은 같은 무늬를 여러 개를 연결하여 붙여 아름다운 그림을 완성하였습니다. 아래 그림을 오리고, 색칠하여 빈틈없이 겹치지 않게 붙여 아름다운 모양을 만들어 보세요.

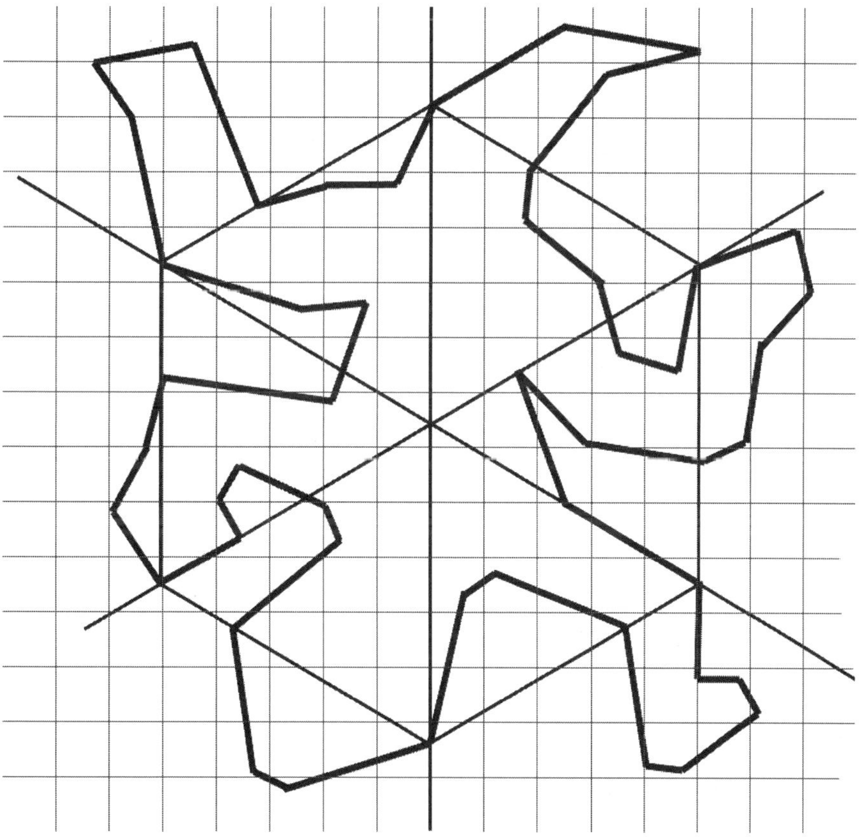

교사용 참고 자료

※ 테셀레이션이란?

마루나 욕실 바닥에 깔려 있는 타일처럼 빈틈이나 포개짐이 없이 평면이나 공간을 도형으로 완벽하게 덮는 것으로, 기원전 4세기에 이슬람 문화의 벽걸이 융단, 퀼트, 옷, 깔개, 가구의 타일, 건축물 등에서 찾아볼 수 있다.

※ 실제 테셀레이션 작품 꾸민 예 (2학년 학생 작품, 시간 2차시 정도, 70 ~ 80분)

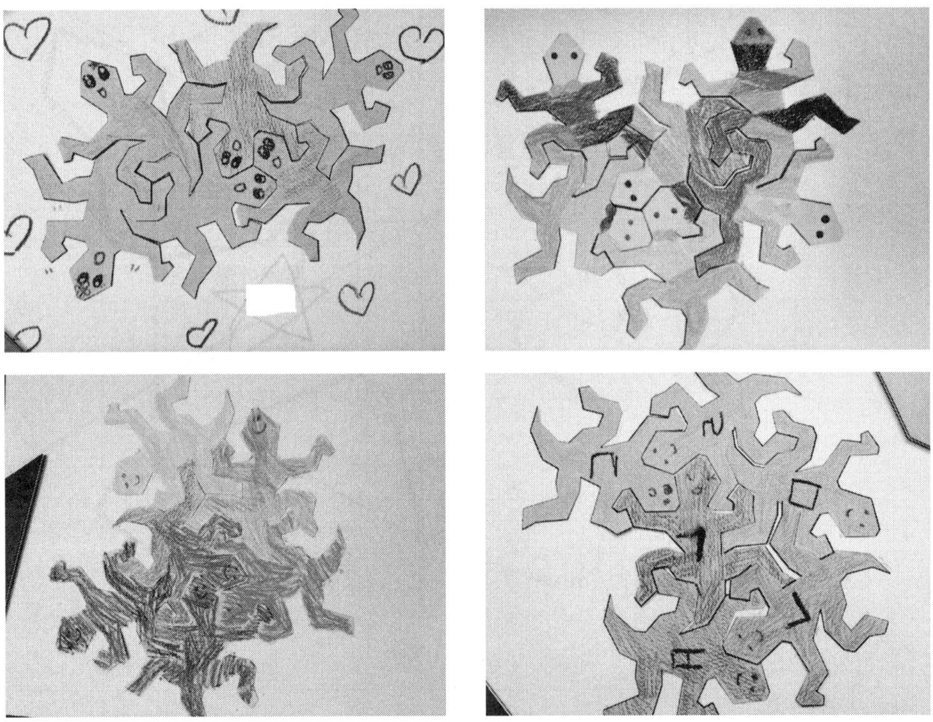

※ 그 밖의 다양한 테셀레이션 그림본 (수준에 따라 9~12개 정도의 본으로 테셀레이션 꾸미기 지도)

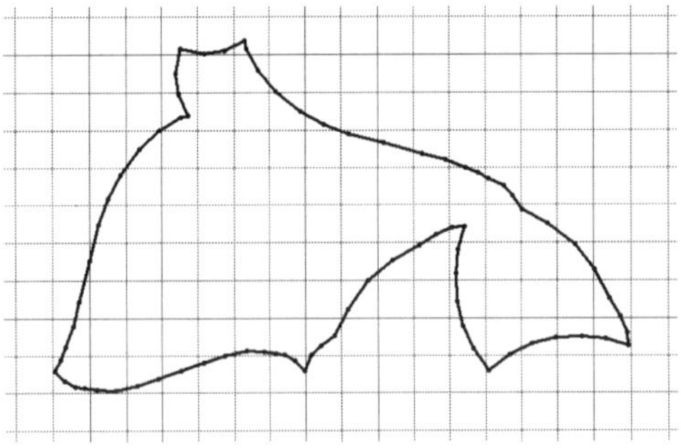

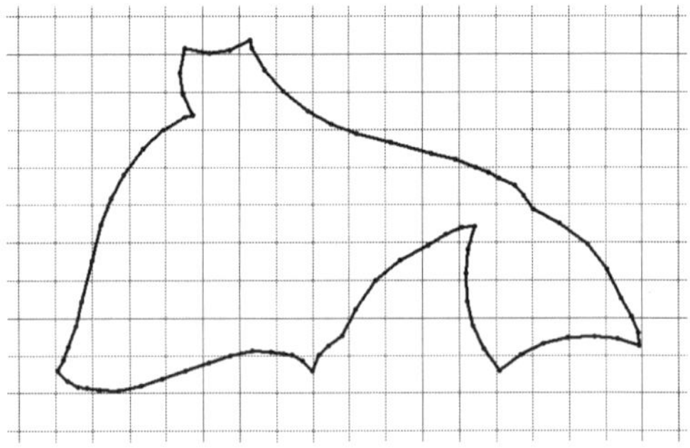

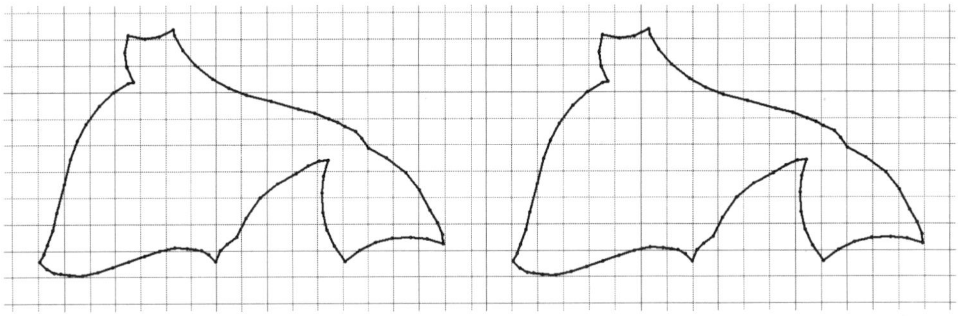

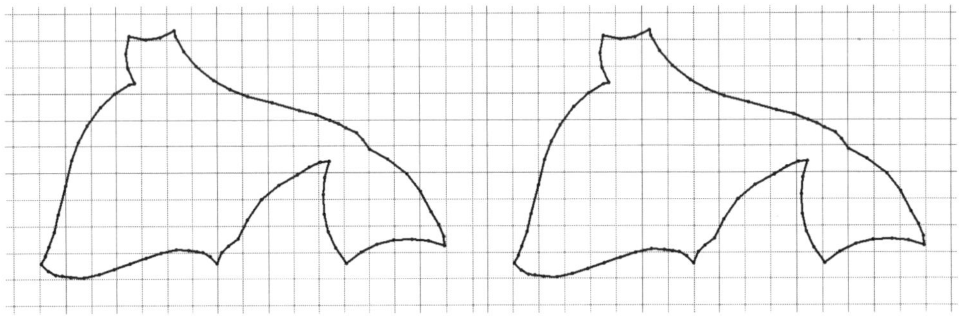

A4 명탐정 크로마토그래피

✎ 활동 개요

본 활동은 크로마토그래피의 원리를 이용하여 가상의 사건을 과학 수사를 통해 해결하는 과학적 활동과 전개 용액에 따라 색소 분리의 패턴과 거리가 달라지는 것을 알아보는 수학적 탐구 활동, 물에서의 수성 사인펜의 색소 분리를 이용하여 컵받침을 심미적으로 꾸며보는 예술적 활동을 통합적으로 체험할 수 있도록 구성되어 있다. 첫 번째 활동에서는 과학수사대의 임무를 부여하고 과학수사의 기본과 사전 활동으로 여러 가지 혼합물을 과학적으로 분리하는 방법을 알아본다. 두 번째 활동에서는 정보가 담긴 USB가 사라지는 가상의 사건을 크로마토그래피법을 이용하여 해결하면서 원리와 활용법을 경험한다. 세 번째 활동에서는 크로마토그래피법의 여러 가지 활용 예를 알아보고 그 가운데서 미술적 활동을 체험해본다. 수성 사인펜으로 그림을 그리고 이동상인 물에서 전개되는 모습을 이용하여 아름다운 컵받침을 만들어본다. 크로마토그래피법을 이용하여 펜의 종류와 이동상에 따라 전개되는 패턴의 차이점을 판별하는 과정을 통해 학생들은 과학적 탐구능력을 기르게 될 것이고, 크로마토그래피의 응용으로 실용적이고 아름다운 컵받침을 만드는 예술적 활동을 통해 심미적 표현력과 관찰력, 통합적 사고능력을 키우게 될 것이다.

	차시	주요 활동 내용
활동 내용	1	◈ CSI 과학수사대 • 과학수사대의 역할과 자주 사용되는 분석법 알아보기 • 혼합물을 분리하는 여러 가지 방법을 알아보고 수사에 사용된 예를 알아보기
	2~3	◈ 범인은 바로 너 • 가상의 사건을 크로마토그래피법을 이용하여 해결하는 방법 생각하기 • 펜의 종류에 따른 전개 모습을 관찰하고 증거물과 일치하는 것 찾기 • 이동상을 바꾸어 가며 실험하여 범인을 유추하기
준비물	물, 에탄올, 네 가지 종류의 펜(네임펜, 플러스펜, 하이테크펜, 젤러펜), 크로마토그래피 용지, 빨대, 투명컵, 스카치테이프, 수성사인펜 12색, 거름종이, 컵받침 케이스, 면봉	

✎ 융합적 요소 및 교육과정 연계성

융합적 요소	학습 목표	교육과정
M 수학		
수학적 추론능력	• 색소 분리의 패턴과 이동 거리가 달라짐을 이용하여 가상의 사건에 적용하여 범인을 추론할 수 있다.	**1-1-4. 비교하기** - 길이 비교하기 **2-1-4. 길이재기** - 여러 가지 방법으로 길이 비교하기 - 자를 이용하여 길이 재기
개념 및 원리의 이해	• 자를 이용하여 색소가 이동한 거리를 측정하고 측정치를 비교할 수 있다.	
문제해결 능력 의사소통 능력	• 길이를 측정하고 비교하여 과학수사에 적용하고 범인의 증거물과 같은 성분을 찾을 수 있다.	
A 예술		
미적 감수성	• 크로마토그래피를 예술적인 표현 방법으로 응용하여 아름다운 컵받침을 창의적으로 만들 수 있다.	**3/4-3. 작품감상** - 서로의 작품을 감상하기 **3/4-5. 관찰표현** - 관찰하여 표현하기
표현 능력		
비판적 사고력 창의적 사고력		
S 과학		
기본 개념 이해	• 과학수사의 원리와 혼합물의 분리 방법을 알 수 있다. • 크로마토그래피의 원리를 이해할 수 있다.	**누리과정. 과학적 탐구하기** - 물체와 물질 알아보기 **3-2-3. 혼합물의 분리** - 혼합물의 분리 방법 알기
현상에 대한 관심	• 여러 가지 펜의 종류와 전개 용매에 따른 색소 분리의 패턴을 비교 관찰할 수 있다.	
과학적 탐구 능력	• 크로마토그래피법을 이용하여 혼합된 색소를 분리하고 과학수사에 적용하여 범인을 유추할 수 있다.	

✎ 지도상의 유의점

- 과학수사의 필요성과 사례를 통하여 학생들이 흥미롭게 접근하여 호기심을 갖도록 하되 저학년 수준에 적합한 사건 사례만 활용하도록 한다.
- 크로마토그래피 용지에 네 가지 펜의 종류를 구분할 수 있게 표시하고, 펜으로 점을 찍을 때는 아래로부터 2cm 지점에 깨알 크기 정도로 찍도록 지도하며 용액에 잠기지 않도록 주의를 준다.
- 증거물은 플러스펜이 에탄올에 번진 것으로 미리 준비하여 제시하고, 첫 번째 물을 이용한 전개 실험에서 왜 증거물과 같은 결과가 나오지 않았는지 충분히 토의한 다음, 전개 용매를 에탄올로 바꾸어 다시 실험하도록 지도한다.
- 수성사인펜으로 거름종이 위에 그림을 그린 다음 면봉으로 물을 발라줄 때는 사인펜을 칠한 바로 윗부분이 아니라 그림 중심의 빈 공간에 발라서 용액이 이동하면서 색의 분리가 일어나도록 주의시킨다. 또 너무 많은 양의 용액을 사용하여 건조하는데 시간이 많이 들지 않도록 사전에 주의를 준다.

✎ 교수·학습 과정안(1차시)

활동명	CSI 과학수사대
활동주제	과학수사의 필요성과 분석법 알기
학습목표	• 과학수사의 필요성과 사용되는 분석법을 이해할 수 있다. • 혼합물을 분리하는 여러 가지 방법을 알 수 있다.
준비물	사진자료
수업흐름	교수학습 활동 내용 및 수업의 전개
도입	◈ 준비 활동 • 미국 드라마 〈CSI〉 가운데 크로마토그래피 분석법을 이용하여 문서를 위조한 증거를 찾아내는 동영상 자료를 보여주기 • 국립과학수사연구소의 법의학자가 주인공이었던 드라마 〈싸인〉 소개하기 • 셜록 홈즈, 명탐정 코난 등을 소개하면서 흥미 유발하기 • 틀린 그림 찾기, 암호 풀기 등을 통하여 과학수사대원으로서의 자질 테스트하기

전개	◈ 과학수사의 필요성 알기 • 과학수사의 역사 소개 • 주관적 심증을 객관적 확신으로 바꾸기 위해서 과학적 지식과 과학기구 및 시설을 이용하여 체계적이고 합리적 수사를 할 필요가 있음을 이야기 나누기 ◈ 과학수사의 방법과 사례 알아보기 • 지문, 혈흔, 발자국, 모발 감식 알아보기 • 필기류와 잉크, 자동차 페인트의 데이터베이스 구축, 유전자 감식법, 거짓말 탐지기 알아보기 • 강호순, 김길태 사건 등에 쓰인 과학 분석 사례 알아보기 ◈ 혼합물을 분리하는 여러 가지 방법 알아보기 • 순물질과 혼합물의 개념과 차이점 알기 • 혼합물을 분리하는 여러 가지 방법 알아보기 (밀도 차이를 이용하는 분별깔대기, 끓는점 차이를 이용하는 분별증류, 용해도 차이를 이용하는 거르기, 크로마토그래피 방법 등)
정리	◈ 정리 및 적용 • 과학수사의 방법과 사례를 통해 알게 된 점이나 느낀 점을 이야기 나누기 ◈ 차시 연계 • 과학 수사에 크로마토그래피법을 활용할 방법에 대해서 발표하기

✎ 교수·학습 과정안(2차시)

활동명	범인은 바로 너
활동주제	크로마토그래피의 원리 알기
학습목표	• 크로마토그래피법의 원리를 이해할 수 있다. • 크로마토그래피법을 이용하여 가상의 사건을 해결할 수 있다.
준비물	네 가지 종류의 펜(네임펜, 플러스펜, 하이테크펜, 젤러펜), 크로마토그래피 용지, 빨대, 투명컵, 스카치테이프, 물, 에탄올
수업절차	교수학습 활동 내용 및 수업의 전개
도입	◈ 가상의 사건을 제시 • 강박사가 개발한 최신 기술의 내용이 담긴 USB를 도난당한 사건과 현장에 남겨진 펜자국이 번진 증거물을 소개하기 • CCTV 분석 결과 그 건물에 출입한 네 사람 가운데 범인은 누구일지를 그들이 소지한 펜을 이용하여 수사할 수 있는 방법을 이야기 나누기
전개	◈ 크로마토그래피법의 원리 알아보기 • 적은 시료로 분리 가능한 크로마토그래법의 원리와 특징 알아보기 • 위의 사건에서 어떻게 적용할 수 있을지 생각해보기 • 특정 성분마다 이동상과 고정상의 비가 일정한 수학적 요소 알아보기 ◈ 크로마토그래피법을 적용하기 • 네 가지 종류의 펜을 크로마토그래피 용지에 찍어서 물에서 전개시키기 • 범인이 남긴 현장의 증거물과 동일한 패턴이 있는지를 전개된 용지를 비교하여 찾아보기 • 범인을 찾는데 실패한 이유를 생각해보고 다시 방법을 생각해보기 • 전개용매를 에탄올로 바꾸어서 동일한 실험하기 • 증거물과 동일한 전개 패턴이 있는지 비교해보기 • 범인이 누군지 밝혀내기
정리	◈ 정리 및 적용 • 과학 수사에 사용된 크로마토그래피법을 정리해보고 장점을 알아보기 ◈ 차시 연계 • 크로마토그래피법을 이용하여 미술 활동을 한다면 어떤 것을 만들고 싶은지에 대해서 발표하기

✎ 교수·학습 과정안(3차시)

활동명	크로마토그래피 컵받침 만들기
활동주제	크로마토그래피법을 응용한 컵받침 만들기
학습목표	• 크로마토그래피법을 이용하여 아름다운 컵받침을 만들 수 있다. • 수성사인펜의 색의 분리와 혼합을 관찰하고 친구들의 작품을 감상할 수 있다.
준비물	수성사인펜 12색, 거름종이, 면봉, 물, 투명컵, 컵받침 케이스
수업절차	교수학습 활동 내용 및 수업의 전개
도입	◈ 준비활동 • 크로마토그래피의 활용 분야 알아보기 소변검사, 도핑테스트, 멜라민 검출, 예술작품 등 과학수사 외에 우리 생활에서 크로마토그래피법을 사용하는 경우를 알아보기 ◈ 문제 상황 제시 • 크로마토그래피법을 이용하여 컵받침을 만들 때 고려해야 하는 요소가 무엇인지에 대해 이야기 나누기 • 수성 사인펜의 색소 분리를 효과적으로 사용하는 방법과 도안 구상하기
전개	◈ 아름다운 컵받침 도안 만들기 • 거름종이에 여러 가지 색의 수성사인펜을 이용하여 도안을 그리기 • 면봉을 이용하여 무늬 중심에 물을 찍어 바르기 • 물에 색소가 분리되어 전개되는 모습을 관찰하기 • 여러 가지 색소의 우연한 혼합에 의해 변화하는 색과 모습을 관찰하기 • 건조시키기 ◈ 컵받침 만들기 • 위에서 만든 도안을 케이스에 끼우기 ◈ 만든 컵받침 감상하기 • 각자 만든 컵받침을 발표하기 • 서로의 작품을 감상하기 • 만약에 다른 종류의 펜을 사용하였으면 어떤 결과물이 나왔을지 생각해보기
정리	◈ 정리 및 적용 • 컵받침 만들기에 활용된 크로마토그래피의 과학적 원리에 대해 정리하고, 친구들의 작품을 감상한 소감이나 새롭게 알게 된 점, 흥미로웠던 점에 대해 이야기 나누기

명탐정 크로마토그래피

활동 1 범인은 바로 너!

강 박사는 새로운 대체에너지를 개발하고, 그 비밀이 담긴 중요한 파일을 박사의 USB에 저장해 책상 서랍에 넣어 놓고, 실험실에서 퇴근을 하였습니다. 다음날, 출근해 보니 실험실은 엉망이 되어 있었고, USB는 사라져 버린 뒤였습니다. 현장에는 범인이 소지한 펜의 흔적으로 보이는 증거물이 있었지만 도망가다 엎지른 용액 때문인지 번져 있었다고 합니다. 경찰이 CCTV를 분석한 결과, 강 박사가 퇴근한 후에 이 건물에 드나든 사람은 단 4명이었고, 그들은 각자 다른 종류의 펜을 소지하고 있었습니다. 경찰은 증거물로 그들의 펜을 압수하고 현장 사진과 함께 어린이 과학수사대에게 보내어 분석을 의뢰했습니다. 어린이 과학수사대 여러분! 과연 네 명의 용의자 중에 범인은 누구일까요? 이 사건을 해결해주시기 바랍니다.

▣ 범인을 어떻게 하면 잡을 수 있을지 방법을 써보세요.

어린이 과학수사대 1차 보고서

담당 과학수사관 : ______

◈ 물에 전개시킨 크로마토그래피 결과

번호	1	2	3	4
용의자 이름	 김도진	 나애리	 최철수	 왕깔끔
펜 종류	 네임펜	 하이테크펜	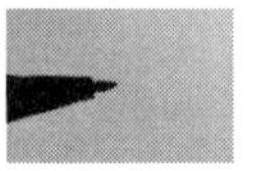 플러스펜	 젤러펜
크로마토그래피 결과용지 *증거물				
판정 결과				

위의 크로마토그래피 분석법으로 수사한 결과 :

범인은 네 명의 용의자 중에 ____________이다.

그 이유는 ______________________________

____

어린이 과학수사대 2차 보고서

담당 과학수사관 : ________

◈ 에탄올에 전개시킨 크로마토그래피 결과

번호	1	2	3	4
용의자 이름	 김도진	 나애리	 최철수	 왕깔끔
펜 종류	 네임펜	 하이테크펜	 플러스펜	 젤러펜
크로마토그래피 결과용지 *증거물				
판정 결과				

위의 크로마토그래피 분석법으로 수사한 결과 :

범인은 네 명의 용의자 중에 ________________이다.

그 이유는 ____

____

교사용 참고 자료

※ 과학수사란?

주관적 심증을 객관적 확신으로 바꾸기 위해서 과학적 지식과 과학기구 및 시설을 이용하여 체계적이고 합리적 수사를 할 필요가 있으며, 지문, 혈흔, 발자국, 모발 감식과 잉크, 자동차 페인트의 데이터베이스 구축, 유전자 감식법 등이 사용된다.

※ 순물질과 혼합물

순물질이란 한 종류의 물질로만 이루어진 것을 말하며 금, 다이아몬드, 물, 소금 등을 예로 들 수 있다. 혼합물이란 두 종류 이상의 물질이 본래의 성질을 잃지 않고 단지 섞여 있는 것을 말하며, 소금물, 설탕물, 공기, 우유 등을 예로 들 수 있다.

※ 크로마토그래피의 유래

1906년 러시아 식물학자 츠웨트(Mikhail Tswett)는 잎의 색소 혼합물을 취해 이것을 석유 에테르에 녹인 다음 석회석 가루를 빽빽하게 채운 유리관 속에 그 용액을 관통시켰다. 혼합물 중에서 분리된 각 화합물은 약간씩 다른 속도로 씻겨 내려갔는데, 그것은 석회석 입자에 얼마나 단단히 붙어 있느냐와 석유 에테르에 얼마나 잘 녹느냐에 달려 있었다. 그리고 각각은 빨강, 오렌지, 혹은 황색 등으로 분리가 되었다.

크로마토그래피는 그리스어로, ‘chroma’(색)와 ‘graphein’(기록)이 결합된 단어다. 이름의 유래는 혼합물에 관한 해답이 모든 사람이 볼 수 있도록 석회석 원통에 색상으로 기록되었기 때문이다.

※ 크로마토그래피의 원리

종이 끝을 물에 담가 놓으면 물이 종이결을 타고 올라간다. 그러면서 잉크와 만나면, 잉크를 같이 끌고 올라가게 되는데, 이때 색깔의 성분에 따라서 각각 끌려 올라가는 속도와 길이가 달라진다. 그래서 처음에는 한 점에 모여 있었던 성분들이 띠처럼 갈라지게 된다.

즉 크로마토그래피란 시료가 칼럼을 지나는 동안, 각 성분의 이동속도 차이를 이용해서 혼합물의 각 성분을 분리하는 방법이다. 혼합물 중의 한 성분 물질이 스며 올라간 높이와 용매가 올라간 높이의 비는 물질에 따라 그 값이 일정하며 그 결과 물질의 고유한 특성이 된다.

※ 종이 크로마토그래피

흡착물질로 거름종이를 사용하는 크로마토그래피를 가리킨다. 보통 직사각형으로 자른 거름종이의 한쪽 끝에 시료를 놓고 전개제가 되는 용매의 모세관현상을 이용하여 스며들게 한다. 이때 각종 성분은 그 이동 속도가 다르기 때문에 전개제가 스며듦에 따라 시간의 경과와 더불어 분리된다.

※ 크로마토그래피가 사용되는 곳

크로마토그래피를 사용하여 각 식품이나 약품의 특정성분이 함유되어 있는지 없는지, 그 양이 얼마만큼 함유되어 있는지를 알아 볼 수 있다. 전개되는 물질에 따라 가스 크로마토그래프, 액체 크로마토그래프 등이 많이 사용된다. 예) 트랜스 지방신, 멜라민, 약물 등

※ 도핑테스트

올림픽 경기에서 가끔 선수들이 순간적으로 강한 힘을 발휘하기 위하여 금지된 약물을 복용하여 메달을 박탈당하는 경우가 있다. 이때에는 선수들의 소변을 분석하여 금지 약물을 복용했는가를 검사하는데, 이때 크로마토그래피의 원리를 이용하여 소변 속의 성분 물질을 분리한다. 도핑 테스트는 검사 대상자의 혈액을 채취해 검사하는 혈액 도핑테스트와 소변 도핑테스트로 나눠진다. 도핑 테스트 대상자의 혈액이나 소변을 채취하고 난 다음 도핑 테스트 기관은 '크로마토그래피'라는 기술을 활용해 부정약물 복용 여부를 검사하게 된다.

A5 알록달록 색구슬

✎ 활동 개요

본 활동은 가용성 물질과 불용성 물질에 대해 구분하고, 야광의 원리를 이해하는 과학적 활동과 눈금을 보면서 계량하며 배우는 대수 활동, 3차원 도형인 구를 관찰하며 스포이트의 크기에 따라 캡슐의 크기도 다르다는 것을 깨닫는 기하 활동으로 구성되어 있다. 또한 수성물감으로 직접 색을 조합하여 여러 가지 색구슬을 만드는 미술 활동으로 나만의 색구슬 장식품을 완성하는 만들기 활동이다. 첫 번째 활동에서는 여러 가지 물질을 계량한 후 일정량의 물에 녹여 물에 녹는 물질과 녹지 않는 물질을 구분하고, 알긴산나트륨 수용액이 각각 물에는 녹고, 염화칼슘 수용액에는 물에 녹지 않는 겔이 만들어지는 것을 관찰한다. 두 번째 활동에서는 첫 번째 활동에서 만들었던 캡슐에 축광가루를 넣어 야광의 원리를 이해한다. 마지막으로 앞서 만들었던 캡슐에 수성물감을 넣어 다양한 색의 조합을 통해 창의적인 색구슬 장식품을 만들어 본다. 화학의 기본적인 개념인 수용액에 대해 이해하고, 직접 야광캡슐과 색캡슐을 만들어 보면서 구를 관찰하는 수학적 활동과 색을 창의적으로 조합하는 미적 감각을 키우게 되며, 자신만의 색구슬 장식품을 아름답게 구성하는 창의적 표현 능력도 기를 수 있을 것이다.

	차시	주요 활동 내용
활동내용	1	◈ 물에 녹는 물질 찾기 • 물이 담긴 투명한 컵에 소금, 설탕, 밀가루, 고춧가루, 식초, 식용유를 넣어보며 물에 녹는 물질 찾아보기 • 알긴산나트륨 수용액은 물에 녹고 염화칼슘수용액에는 결정으로 남는 것 관찰하기
	2	◈ 축광가루를 넣은 구슬 만들기 • 염화칼슘수용액에 알긴산나트륨을 넣으면 캡슐이 만들어지는데, 그 때 사용하는 스포이트의 크기에 따라 구의 크기가 다르다는 것을 관찰하기 • 축광가루를 넣은 캡슐을 만들어 야광의 원리를 이해하기

	3	◈ 수성물감을 넣은 색구슬 만들기 • 캡슐을 만들 때, 다양한 색의 수성물감을 넣어 색색의 캡슐을 만들기 • 다양한 색의 캡슐을 섞어 개성 있는 장식품을 만들기
준비물		알긴산나트륨, 염화칼슘, 축광가루, 스포이트, 수성물감, 소금, 설탕, 밀가루, 고춧가루, 식초, 식용유, 미숫가루, 바이알, 비커, 나무막대

✎ 융합적 요소 및 교육과정 연계성

융합적 요소	학습 목표	교육과정
M 수학		
수학적 추론능력	• 색구슬을 만들 때 구의 모양을 관찰하며, 원과 구의 특징을 추론할 수 있다.	**1-1-2. 여러 가지 모양** - 여러 가지 입체 모양 알기 - 같은 모양끼리 모으기 **1-2-2. 여러 가지 모양** - 입체와 평면 모양의 차이점 알기 **1-1-4. 비교하기** - 여러 가지 크기 비교하기
개념 및 원리의 이해	• 스포이트의 크기에 따라 구의 모양과 크기가 달라지는 것을 관찰하며 수학적 개념을 이해할 수 있다.	
문제해결 능력 의사소통 능력	• 눈금을 보며 계량할 수 있고, 구와 원을 구분할 수 있다.	
A 예술		
미적 감수성	• 다양한 색의 수성물감을 사용하여 창의적인 색구슬 장식품을 만들며 창의성과 미적 감각을 키울 수 있다. • 친구들의 작품과 자신의 작품을 비교하여 감상할 수 있다.	**3/4-1-1. 형과 색** - 여러 가지 모양과 색의 차이를 알고 작품에 적용하기 **3/4-3. 작품감상** - 여러 예술작품 감상하기
표현 능력		
비판적 사고력 창의적 사고력		

<table>
<tr><th>융합적 요소</th><th>학습 목표</th><th>교육과정</th></tr>
<tr><td colspan="3">S 과학</td></tr>
<tr><td>기본 개념 이해</td><td>• 물에 녹는 물질과 물에 녹지 않는 물질을 구분할 수 있다.</td><td rowspan="3">3-2-4. 여러 가지 가루 녹이기
- 여러 가지 가루를 물에 넣고 관찰하기
- 용액의 성질과 용해도를 알기</td></tr>
<tr><td>현상에 대한 관심</td><td>• 밝은 곳에서 빛을 모아 어두워지면 빛을 발하는 색구슬을 만드는 활동을 통해 야광의 개념을 알 수 있다.</td></tr>
<tr><td>과학적 탐구 능력</td><td>• 다시마의 성분인 알긴산나트륨이 물에서는 형태를 유지할 수 없지만, 염화칼슘수용액에서는 일정한 모양을 유지한다는 것을 토대로 하여 과학적 사고력을 키울 수 있다.</td></tr>
</table>

✎ 지도상의 유의점

- 물에 녹이기 실험에서는 녹인 후 잠시 기다렸다가 용액의 상태를 살펴 가라앉는 물질이 있는지를 확인한다.
- 축광가루는 물에 녹지 않으므로 잘 섞은 후 구슬을 만들어야 한다.
- 수성물감을 잘 섞은 후 구슬을 만들고 바이알병은 재질이 유리이므로 깨지지 않도록 주의한다.

✎ 교수·학습 과정안(1차시)

활동명	여러 가지 물질을 물에 녹여보자.
활동주제	물에 녹는 물질과 녹지 않는 물질
학습목표	물에 녹는 물질과 물에 녹지 않는 물질을 구분할 수 있다.
준비물	미숫가루, 소금, 설탕, 밀가루, 고춧가루, 식초, 식용유, 비커, 나무막대
수업흐름	교수학습 활동 내용 및 수업의 전개
도입	◈ 준비 활동 • 미숫가루와 설탕을 물에 녹인 후 시간이 지남에 따라 어떤 일이 일어날지 예측해 보기 • 미숫가루와 설탕을 물에 녹였을 때 시간이 지남에 따라 어떤 차이점이 생기는지 관찰하기

전개	◈ 물에 녹이기 • 비커에 일정한 양의 물을 담고, 여러 가지 물질을 녹여보기 ◈ 녹인 물질 관찰하기 • 녹인 물질을 시간을 두고 지켜본 뒤 가라앉는 물질이나, 물 위에 뜨는 물질이 있는지를 확인하기
정리	◈ 정리 및 적용 • 물에 녹는 물질과 녹지 않는 물질을 구분하기 ◈ 차시 연계 • '물에 녹는 물질은 다른 용액에서도 녹을까?'에 대해 생각해 보기

✎ 교수·학습 과정안(2차시)

활동명	야광구슬 만들기
활동주제	야광구슬 만들기
학습목표	야광구슬의 원리를 알 수 있다.
준비물	스포이트, 비커, 축광가루, 알긴산나트륨, 염화칼슘, 바이알병
수업절차	교수학습 활동 내용 및 수업의 전개
도입	◈ 준비활동 • '야광별은 어떻게 어두운 곳에서 빛날까?'에 대해 의견 나누기
전개	◈ 야광구슬 만들기 • 알긴산나트륨 수용액을 만든다. • 염화칼슘 수용액을 만든다. • 알긴산나트륨 수용액에 축광가루를 넣은 후 잘 섞는다. • 스포이트를 크기를 조절해가며, 염화칼슘 수용액에 떨어뜨려 구슬을 만든다. • 바이알병에 염화칼슘 수용액을 넣은 후 만든 야광구슬을 넣는다.
정리	◈ 정리 및 적용 • 야광의 원리를 알고 발표하기

✎ 교수·학습 과정안(3차시)

활동명	색구슬 만들기
활동주제	색구슬 만들기
학습목표	• 색구슬을 만들 때 스포이트의 크기에 따라 색구슬의 크기가 달라짐을 알 수 있다. • 수성물감을 이용하여 색색의 구슬을 모아 창의적인 장식품을 만들 수 있다.
준비물	스포이트, 비커, 수성물감, 알긴산나트륨, 염화칼슘, 바이알병
수업절차	**교수학습 활동 내용 및 수업의 전개**
도입	◈ 준비활동 • '구슬의 크기를 달리하려면 어떤 방법이 있을까?'에 대해 이야기 나누기
전개	◈ 색구슬 만들기 • 알긴산나트륨 수용액을 만든다. • 염화칼슘 수용액을 만든다. • 알긴산나트륨 수용액에 각가의 수성물감를 넣은 후 잘 섞는다. • 스포이트를 크기를 조절해가며, 염화칼슘 수용액에 떨어뜨려 구슬을 만든다. • 바이알병에 염화칼슘 수용액을 넣은 후 만든 색구슬을 넣는다.
정리	◈ 정리 및 적용 • 알긴산나트륨이 염화칼슘수용액에서는 결정 상태를 유지할 수 있다는 것 이해하기 • 다른 학생의 작품을 관찰해 보고 평가하기

알록달록 색구슬

활동 1 물에 녹여 볼까요?

▣ 물에 녹는 물질과 녹지 않는 물질 구별하기

맛있는 미숫가루는 물에 녹은 걸까요? 시간이 지나면 밑에 가라앉는 것은 왜 그럴까요?

	관찰 결과	녹는지의 여부
설탕		
밀가루		
미숫가루		
분유		

알긴산나트륨 수용액을 물에 떨어뜨려 보아요. 어떤 결과가 나타나나요?

	관찰 결과
알긴산나트륨 수용액을 물에 떨어뜨린 경우	
알긴산나트륨 수용액을 염화칼슘 용액에 떨어뜨린 경우	

활동 2 야광 구슬 만들기

▣ 야광은 어떻게 어두울 때 빛을 낼까요?

어두울 때 잠자리를 지켜주는 야광별은 어떻게 빛을 낼까요?

알긴산나트륨 수용액을 이용하여 야광 구슬을 만들어 보아요.

활동 3 알록달록 색구슬 만들기

수성물감을 이용하여 예쁜 색구슬을 만들어 보아요.

스포이트의 크기를 조절해가며 여러 가지 크기의 색구슬을 만들어 병에 담아가요.

MAS 수업 이렇게 활동했어요

1차시	활동명	여러 가지 물질을 물에 녹여보자
	활동내용	미숫가루와 설탕을 물에 녹여보기

활동 자료

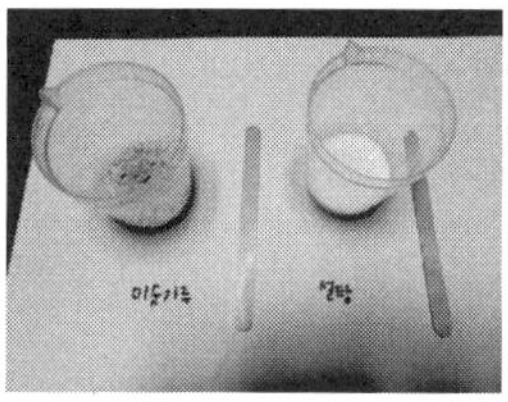

① 미숫가루와 설탕을 적당량 준비합니다.

② 미숫가루와 설탕에 각각 물을 부어줍니다.

③ 설탕과 물이 잘 섞이게 저어줍니다.

④ 미숫가루와 물이 잘 섞이게 저어줍니다.

⑤ 다 저은 후 기다립니다.

⑥ 시간이 지나면 미숫가루는 가라앉아 물과 분리되지만, 설탕은 물에 용해됩니다.

교사 Tip

1. 용액이 과포화되지 않도록 유의한다.
2. 물질을 녹인 후에는 가만히 놔둔 후에 용액의 상태를 관찰한다.

1차시	활동명	여러 가지 물질을 물에 녹여보자
	활동내용	다양한 가루를 물에 녹이기

활동 자료 – 여러 가지 가루를 물에 녹인 결과

가루물질	물질을 넣은 물의 변화
설탕	투명하고 물 속에 아무것도 보이지 않는다.
분유	하얗게 되고 가루 알갱이가 보이지 않는다.
코코아	코코아 색깔을 띠고 바닥에 가라앉은 물질이 없다.
가루주스	가루주스의 색깔과 같은 색으로 물의 색깔이 변하고 바닥에 가라앉은 것이 없다.
미숫가루	뿌옇게 색깔이 변했다가 가만히 놓아두면 위의 물은 맑아지고 바닥에 가루 물질이 가라앉는다.

교사 Tip

1. 용액의 색을 관찰할 때는 뒷면에 흰 종이를 대고 보게 한다.
2. 침전물이 가라앉도록 충분한 시간을 두고 관찰한다.

2차시	활동명	야광구슬 만들기
	활동내용	축광가루를 이용하여 야광구슬 만들기

활동 자료 – 야광구슬 만들기

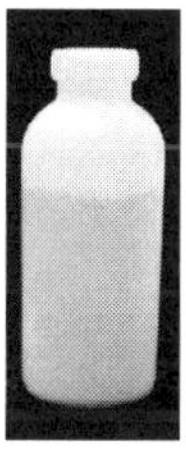

① 알긴산나트륨 수용액을 만든다.

②염화칼슘 수용액을 만든다.

③ 알긴산나트륨 수용액에 축광가루를 넣은 후 잘 섞는다.

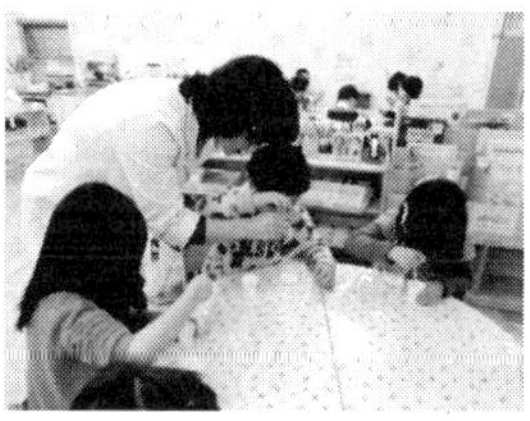

④ 스포이트 크기를 조절해가며, 염화칼슘 수용액에 떨어뜨려 구슬을 만든다.

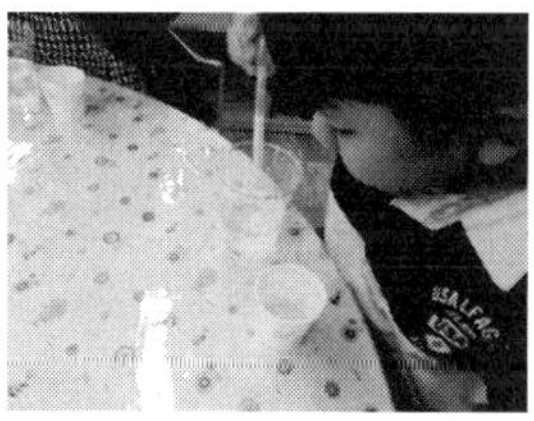

⑤ 바이알병에 염화칼슘 수용액을 넣은 후 만든 야광구슬을 넣는다.

교사 Tip

1. 알긴산나트륨 수용액을 물과 염화칼슘 수용액에 넣어보아 용해 여부를 관찰하게 한다.
2. 축광가루는 물에 녹지 않아 바닥에 가라앉으니 저어가며 구슬을 만든다.

3차시	활동명	색구슬 만들기
	활동내용	알록달록 색구슬 만들기

활동 자료 – 색구슬 만들기(그림 출처: http://www.sciencekit.co.kr)

▸ 준비물

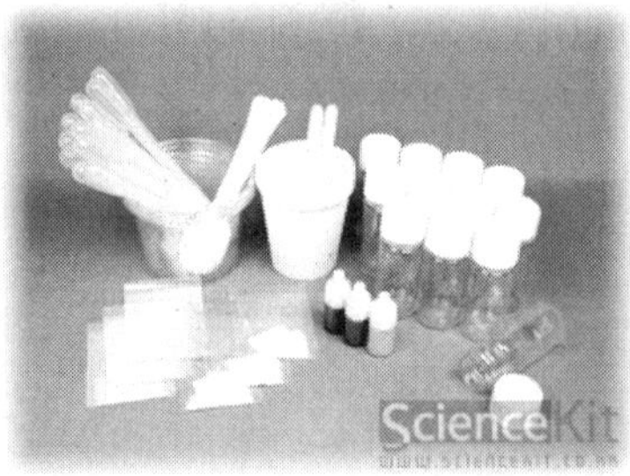

▸ 실험요약

학생 사례 – 파란색 색구슬 만들기

교사 Tip

1. 사용하는 물감의 양을 적게 하고, 잘 섞어 사용하게 한다(염화칼슘 수용액이 혼탁해질 수 있으니 유의한다).
2. 모둠별로 다양한 색을 사용하게 하여 서로 나눠가지도록 유도한다.

교사용 참고 자료

※ 알긴산나트륨이란?

알긴산나트륨은 엷은 노란색을 띤 섬유상, 알갱이, 과립 또는 가루 형태이며, 냄새도 맛도 거의 없다. 주로 김, 다시마 등의 갈조류로부터 얻어진다. 우유 성분 중의 칼슘이온과 반응하여 알긴산나트륨칼슘을 생성하여 균일한 젤리를 형성하는 특징을 가지고 있다.

식품의 점착성 및 점도를 증가시키고 유화안정성을 증진하며 식품의 물성 및 촉감을 향상시키기 위한 식품첨가물이다. 주로 아이스크림의 안정제, 케첩, 마요네즈, 소스 등의 점착제, 청주의 청징제, 겔화제, 유화제, 증점제 등으로 사용된다.

알코올에 녹지 않으며 클로로폼과 같은 유기용매도 녹지 않고 탄산나트륨, 수산화나트륨, 인산나트륨에 천천히 녹는다. 물에 녹으면 점성이 있으며, 안정제 및 증점제로서 효과가 우수하다. 1% 수용액의 pH는 6~8이다. 수용액을 고온에 오래 두면 점도가 떨어질 수 있으나, 80℃ 이하에서는 점도 변화가 없다.

또한 수용액에 염화칼슘, 염화바륨, 황산알루미늄, 황산아연, 황산구리, 질산은, 염화철(Ⅲ), 아세트산납 등 2가 이상의 금속이온을 가하면 금속염으로 응고된다. 다만, 수용성인 마그네슘염과 수은염의 경우 응고되지 않으며, 8% 이상의 식염에서는 응고하여 점성을 상실한다.

A6 천연염색 손수건

✎ 활동 개요

본 활동은 화학적 염색이 아닌 천연물질을 이용하여 염색을 해봄으로써, 우리 몸이나 자연을 오염시키지 않으면서도 아름다운 무늬나 색을 가진 손수건을 만들어 볼 수 있는 활동이다.

염색하는 방법과 염색을 오래 유지할 수 있는 방법을 찾아보고 용액의 진하기를 이해하는 과학적 활동과 묶는 방법에 따라 규칙적인 무늬가 나오는 것을 이해하는 수학적 활동, 그리고 다양한 색깔과 무늬의 창의적인 손수건을 만드는 미술적 활동이 융합되어 있다.

첫 번째 활동에서는 여러 가지 물질 가운데 염색이 가능한 것은 어떤 것이 있을지를 찾아본다.

두 번째 활동에서는 천연재료인 치자를 이용하며 치자의 양에 따라 색감의 차이를 생각해본다. 또한 염색이 오래 유지되도록 사용하는 백반의 양에 따라 어떤 변화가 있는지를 살펴본다. 첫 번째와 두 번째 활동에서는 직접 염색에 사용되는 물질을 계량하고 염색해봄으로써 수학적 활동과 과학적 활동을 함께 경험할 수 있다.

마지막으로 천연재료인 치자를 사용할 때 천을 묶는 방법에 따라 어떤 무늬가 나올지를 생각해보며 다양한 방법으로 묶어 본다. 용액의 진하기를 이해하고, 다양한 패턴의 손수건을 만들어 보면서 규칙적인 무늬를 직접 만드는 수학적 활동과 무늬를 창의적으로 표현하는 미적 감각을 키우게 되며, 자신만의 손수건을 아름답게 구성하는 창의적 표현 능력도 길러질 것이다.

<table>
<tr><td rowspan="4">활
동
내
용</td><td>차시</td><td>주요 활동 내용</td></tr>
<tr><td>1</td><td>◈ 염색을 할 수 있는 물질 찾기
• 우리 주변에 있는 물질 가운데 염색이 가능한 것은 어떤 것이 있을지 찾아보기</td></tr>
<tr><td>2</td><td>◈ 천연재료로 염색하기
• 천연재료인 치자를 이용하며 치자의 양에 따라 색감의 차이를 생각해보기
• 염색이 오래 유지되도록 사용하는 백반의 양에 따라 어떤 변화가 있는지를 생각하며 활동하기</td></tr>
<tr><td>3</td><td>◈ 무늬를 넣어 나만의 손수건 만들기
• 천연재료인 치자를 사용할 때 천을 묶는 방법에 따라 어떤 무늬가 나올지를 생각해보며 다양한 방법으로 손수건 만들기</td></tr>
<tr><td colspan="2">준비물</td><td>포도껍질, 수박껍질, 황토, 풀잎, 치자, 매염제(백반), 가성소다, 나무젓가락, 중성세제, 체, 알코올램프 세트, 비커, 수조, 물, 염색할 천</td></tr>
</table>

✎ 융합적 요소 및 교육과정 연계성

<table>
<tr><td>융합적 요소</td><td>학습 목표</td><td>교육과정</td></tr>
<tr><td colspan="3">M 수학</td></tr>
<tr><td>수학적
추론능력</td><td>• 묶는 방법에 따라 규칙적인 무늬가 나오는 것을 관찰할 수 있다.</td><td rowspan="3">1-2-2. 여러 가지 모양
- 여러 가지 평면 모양 알기
- 여러 가지 모양으로 꾸미기

4-1-8. 규칙 찾기
- 여러 가지 물체가 놓여 있는 모양을 보고 규칙을 찾아 수로 나타내기</td></tr>
<tr><td>개념 및
원리의 이해</td><td>• 규칙에 따라 새로운 무늬를 만들어 볼 수 있다.</td></tr>
<tr><td>문제해결
능력
의사소통
능력</td><td>• 눈금을 보며 계량할 수 있고, 치자를 이용하여 염색할 수 있다.</td></tr>
</table>

<table>
<tr><th>융합적 요소</th><th>학습 목표</th><th>교육과정</th></tr>
<tr><td colspan="3">A 예술</td></tr>
<tr><td>미적 감수성</td><td rowspan="3">• 다양한 색을 내는 염료를 이용하여, 자신만의 무늬가 염색된 창의적인 손수건을 만들 수 있다.
• 친구들의 작품과 자신의 작품을 감상할 수 있다.</td><td rowspan="3">3/4-1-1. 형과 색
- 여러 가지 모양과 색의 차이를 알고 작품에 적용하기
3/4-3. 작품감상
- 여러 예술작품 감상하기</td></tr>
<tr><td>표현 능력</td></tr>
<tr><td>비판적 사고력
창의적 사고력</td></tr>
<tr><td colspan="3">S 과학</td></tr>
<tr><td>기본 개념 이해</td><td>• 용액의 진하기를 실생활에 응용할 수 있다.</td><td rowspan="3">5-1-6. 용액의 진하기
- 여러 가지 진한 용액에서 결정을 만들기
- 용액의 진하기에 따라 성질이 다름을 알기</td></tr>
<tr><td>현상에 대한 관심</td><td>• 우리 주변에서 염색을 할 수 있는 물질을 찾아보고 염색하는 방법과 염색을 오래 유지할 수 있는 방법을 알 수 있다.</td></tr>
<tr><td>과학적 탐구 능력</td><td>• 용액의 진하기에 따라 색의 농도를 조절할 수 있다.</td></tr>
</table>

✎ 지도상의 유의점

- 염색물을 얻기 위해 가열할 때 가열도구 사용에 주의한다.
- 매염제의 양에 따라 천이 손상될 수 있으니 주의한다.

✎ 교수·학습 과정안(1차시)

활동명	천연염색이 가능한 물질에는 어떤 것들이 있을까요?
활동주제	천연염색이 가능한 물질 찾아보기
학습목표	천을 염색할 수 있는 물질을 찾을 수 있다.
준비물	포도 껍질, 수박 껍질, 황토, 풀잎, 치자, 매염제(백반), 가성소다, 나무젓가락, 중성세제, 체, 알코올램프 세트, 비커, 수조, 물, 염색할 천
수업흐름	교수학습 활동 내용 및 수업의 전개
도입	◈ 준비 활동 • "우리 주위에 있는 여러 물체들이 지닌 색들은 어떻게 입혀졌을까요?"에 대한 생각 나누기

전개	◈ 여러 가지 물질로 염색해 보기 • 우리 주변에 있는 포도껍질, 수박껍질, 황토, 풀잎 등을 이용하여 천에 염색하기 • 각각 다른 물질로 염색을 할 때 염색되는 색을 관찰하기
정리	◈ 정리 및 적용 • 염색이 오래 유지되는 것과 그렇지 못한 것을 구별하고 그 이유에 대해 토의하기 ◈ 차시 연계 • 용액의 진하기와 관련하여 용액의 농도를 조절하기

✎ 교수·학습 과정안(2차시)

활동명	손수건 염색하기
활동주제	손수건 염색하기
학습목표	눈금을 보며 계량할 수 있고, 치자를 이용하여 염색할 수 있다.
준비물	치자, 매염제(백반), 가성소다, 나무젓가락, 중성세제, 체, 알코올램프 세트, 비커, 수조, 물, 염색할 천
수업절차	교수학습 활동 내용 및 수업의 전개
도입	◈ 준비활동 • “아름다운 색들은 우리 몸에 유익할까요?”에 대한 생각 나누기
전개	◈ 손수건 염색하기 1. 200㎖ 비커에 물 100㎖와 치자 10g을 넣는다. 2. 노란색이 충분히 추출될 때까지 끓인다. 3. 치자를 으깨서 체에 받쳐 맑은 치자물을 만든다. 4. 맑은 치자물을 따뜻하게 데운 뒤 염색할 천을 넣고 10분간 담갔다가 건져서 꼭 짠다. 5. 중성세제를 2~3방울 풀은 물에 헹구어낸 뒤에 맑은 물에 치자물이 안 나올 때까지 여러 번 헹군다. 6. 그늘에 겹쳐지지 않게 널어 말린다. 7. 말린 염색 천을 백반 2% 물에 다시 헹구어 말린다.
정리	◈ 정리 및 적용 • 천연염색의 이로운 점에 대해 생각해 보기

✎ 교수·학습 과정안(3차시)

활동명	나만의 손수건 만들기
활동주제	나만의 손수건 만들기
학습목표	여러 가지 방법으로 실을 묶어 염색함으로써 창의적인 손수건을 만들 수 있다.
준비물	치자, 매염제(백반), 가성소다, 나무젓가락, 중성세제, 체, 알코올램프 세트, 비커, 수조, 물, 염색할 천, 실
수업절차	**교수학습 활동 내용 및 수업의 전개**
도입	◈ 준비활동 • "손수건의 무늬를 만들기 위해서는 어떤 방법을 이용할까?"에 대한 생각 나누기
전개	◈ 나만의 손수건 만들기 1. 맑은 치자물을 만든다. 2. 염색할 천을 여러 가지 방법을 이용하여 실로 묶는다. 3. 치자물을 따뜻하게 데운 뒤 염색할 천을 넣고 10분간 담갔다가 건져서 꼭 짠다. 4. 중성세제를 2~3방울 풀은 물에 헹구어낸 뒤에 맑은 물에 치자물이 안 나올 때까지 여러 번 헹군다. 5. 그늘에 겹쳐지지 않게 널어 말린다. 6. 말린 염색 천을 백반 2% 물에 다시 헹구어 말린다.
정리	◈ 정리 및 적용 • 묶는 방법에 따라 달라지는 모양을 관찰하고 서로의 작품을 비교하여 평가하기

천연염색 손수건

활동 1 천연염색이 가능한 물질 찾아보기

▣ 천연염색이 가능한 물질 찾아보기

우리 주변에 있는 포도 껍질, 수박 껍질, 황토, 풀잎 등을 이용하여 천에 염색을 해본다.

	관찰 결과	염색 여부
포도 껍질		
수박 껍질		
황토		
풀잎		

활동 2 손수건 염색하기

▣ 손수건 염색하기

1. 200㎖ 비커에 물 100㎖와 치자 10g을 넣는다.
2. 노란색이 충분히 추출될 때까지 끓인다.
3. 치자를 으깨서 체에 받쳐 맑은 치자물을 만든다.
4. 맑은 치자물을 따뜻하게 데운 뒤 염색할 천을 넣고 10분간 담갔다가 건져서 꼭 짠다.
5. 중성세제를 2~3방울 풀은 물에 헹구어낸 뒤 맑은 물에 치자물이 안 나올 때까지 여러 번 헹군다.
6. 그늘에 겹쳐지지 않게 널어 말린다.
7. 말린 염색 천을 백반 2% 물에 다시 헹구어 말린다.

※ 천연염색의 이로운 점에 대해 생각해본다.

활동 3 나만의 손수건 만들기

▣ 나만의 손수건 만들기

손수건의 무늬를 만들기 위해서는 어떤 방법을 이용할까에 대해 생각해 본다.

1. 맑은 치자물을 만든다.
2. 염색할 천을 여러 가지 방법을 이용하여 실로 묶는다.
3. 치자물을 따뜻하게 데운 뒤 염색할 천을 넣고 10분간 담갔다가 건져서 꼭 짠다.
4. 중성세제를 2~3방울 풀은 물에 헹구어낸 뒤 맑은 물에 치자물이 안 나올 때까지 여러 번 헹군다.
5. 그늘에 겹쳐지지 않게 널어 말린다.
6. 말린 염색 천을 백반 2% 물에 다시 헹구어 말린다.

※ 묶는 방법에 따라 달라지는 모양을 관찰하고 서로의 작품을 비교하여 평가하기

융합인재교육 STEAM

Part B

초등학교 중학년(3~4학년) 수학·예술·과학 융합 수업

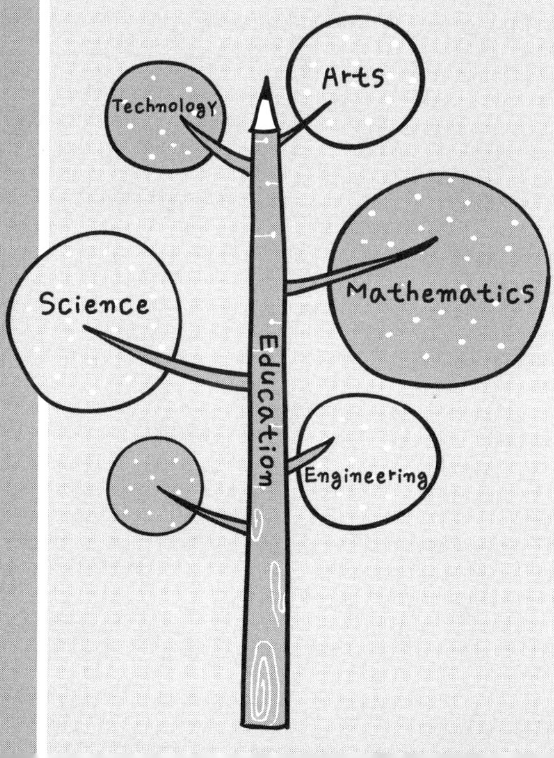

B1 피보나치 수열

✎ 활동 개요

본 활동은 우리 주변에서 볼 수 있는 자연이나 건축물 등에서 피보나치 수열에 관한 수학·과학·예술적 원리를 찾아보고 이를 적용하여 피보나치를 적용할 수 있는 방안을 만들어 보는 활동으로 구성되어 있다.

그래서 첫 번째 활동에서는 우리 주변에서 살펴볼 수 있는 피보나치 수열에 관한 동영상을 살펴보고, 피보나치의 《산반서》에 제시된 문제를 풀어보면서 피보나치 수열의 특징과 원리에 대하여 알고, 피보나치 수열과 밀접하게 관련이 있는 황금비에 대해서도 이해한다.

두 번째 활동에서는 피보나치 나선을 직접 그려보고, 황금비 자를 통해 실생활의 황금비를 찾아보는 조작 활동을 통한 탐구를 한다.

마지막으로 피보나치 수열이 적용된 꽃잎을 관찰한 후 스스로 꽃잎을 만들어보고, 피보나치 수열을 적용할 수 있는 방안을 추론해보는 활동을 하게 된다.

이를 통해 학생들은 여러 사례를 관찰하고 탐구하는 과정을 경험하면서 수학적 추론능력과 과학적 탐구능력을 기르게 될 것이고, 피보나치 수열을 이용하여 새로운 대상에 적용하는 과정에 이르기까지 창의적 문제해결력과 의사소통능력, 통합적 사고능력을 키우게 될 것이다. 또한 피보나치수열의 수와 황금비율은 사람들이 가장 안정을 느끼고 아름다움을 느끼는 수로서 식물, 동물, 우주 등 자연의 곳곳에서 찾아볼 수 있다. 이러한 점에서 우리 주변에서 피보나치 수열, 황금비를 관찰하면서 심미적인 안목과 함께, 피보나치 수열을 이용하여 다른 대상에 적용하는 과정에서 창의적 표현 능력도 길러질 것이다.

<table>
<tr><th rowspan="4">활동내용</th><th>차시</th><th>주요 활동 내용</th></tr>
<tr><td>1</td><td>◈ 피보나치 수열 원리와 특징 알기
• 우리 주변에서 찾아볼 수 있는 피보나치 수열을 살펴보면서 그 속에 들어 있는 피보나치 수열을 이해하기
• 《산반서》 문제를 살펴보면서 피보나치 수열의 의미를 이해하기
• 피보나치 수열의 규칙과, 관련된 개념인 황금비의 개념과 특징을 알기</td></tr>
<tr><td>2</td><td>◈ 피보나치 수열 탐구하기
• 피보나치 나선을 그려보고, 생활 속의 조개/소라 등을 관찰하여 피보나치 나선을 찾아보기
• 황금비 자를 통해 실생활 속의 황금비 찾아보기</td></tr>
<tr><td>3</td><td>◈ 피보나치 수열 적용하기
• 피보나치 수열과 황금비를 이용하여 나만의 캐릭터 혹은 로고 디자인해보기
• 피보나치 수열을 활용할 수 있는 방안을 추론해보기</td></tr>
<tr><td colspan="2">준비물</td><td>자(1인당 1개), 컴퍼스, 두꺼운 종이, 할핀, 네임펜, 가위, 주변에서 황금비 찾을 수 있는 간단한 물건, 황금분할기, 소라/조개, 색종이, 풀, 가위, 색연필, 사인펜</td></tr>
</table>

✎ 융합적 요소 및 교육과정 연계성

<table>
<tr><th>융합적 요소</th><th>학습 목표</th><th>교육과정</th></tr>
<tr><td colspan="3">M 수학</td></tr>
<tr><td>수학적 추론능력</td><td>• 피보나치 수 안에 숨겨진 규칙을 찾아 설명할 수 있다.
• 피보나치 수와 황금비와의 관계를 추론하여 설명할 수 있다.</td><td rowspan="3">3-2-3. 원
- 원의 중심과 반지름 알기
- 컴퍼스를 이용하여 원 그리기

4-1-3. 각도
- 각의 크기 비교하기

4-2-8. 규칙찾기와 문제해결
- 두 수 사이의 관계 알기
- 여러 가지 문제해결하기</td></tr>
<tr><td>개념 및 원리의 이해</td><td>• 피보나치 수열의 의미를 이해하고 피보나치 나선을 그릴 수 있다.
• 황금비의 의미를 알고, 피보나치 수열과의 관계를 이해할 수 있다.</td></tr>
<tr><td>문제해결 능력
의사소통 능력</td><td>• 문제를 해결하기 위해 모둠원들과 토의하며 문제해결 방법을 친구들에게 발표할 수 있다.</td></tr>
</table>

<table>
<tr><th>융합적 요소</th><th>학습 목표</th><th>교육과정</th></tr>
<tr><td colspan="3">A 예술</td></tr>
<tr><td>창의적 표현능력</td><td rowspan="2">• 피보나치 수열이나 황금비를 적용한 나만의 캐릭터를 만들 수 있다.
• 자연물 속에 숨겨진 수학적인 비율을 찾아 아름다움을 느낄 수 있다.</td><td rowspan="2">3/4-4. 자연환경과 미술
- 자연에서 찾아보기
- 자연에서 아름다움 느끼기

3/4-7. 시각문화 환경과 미술
- 내 캐릭터 찾기
- 내 캐릭터 만들기</td></tr>
<tr><td>문화를 즐기는 태도</td></tr>
<tr><td colspan="3">S 과학</td></tr>
<tr><td>자연현상에 대한 관심</td><td>• 식물이나 동물을 포함한 자연의 아름다움을 느낄 수 있다.</td><td rowspan="2">3-2-2. 동물의 세계
- 여러 가지 동물의 생김새 알기

4-2-1. 식물의 세계
- 여러 가지 식물의 생김새 알기</td></tr>
<tr><td>과학적 탐구 능력</td><td>• 자연물을 관찰하여 그 속에 숨겨진 황금비나 피보나치 수열의 규칙을 찾을 수 있다.</td></tr>
</table>

✎ 지도상의 유의점

- 피보나치 수열과 황금비율에 대한 이해를 문제해결에 활용할 수 있도록 지도한다.
- 황금비 자는 빨대와 할핀으로 만들기 때문에 완전히 정확하지는 않으나, 비교적 간단하게 황금비를 확인할 수 있음을 안내한다.
- 피보나치 수열을 활용할 수 있는 방안에 대해서는 모둠이 충분히 논의하여 실현 가능한 내용을 활동지에 적을 수 있도록 한다.

✎ 교수·학습 과정안(1~2차시)

활동명	피보나치 수열 전격탐구!
활동주제	피보나치 수열 이해하기
학습목표	• 일상생활의 피보나치 수열의 예를 통해 피보나치 수열의 원리와 특징을 알 수 있다. • 직접적인 조작활동을 통해 피보나치 수열을 탐구할 수 있다.
준비물	1차시: 활동지 1(학생당 각 1장씩) 2차시: 활동지 2(학생당 각 1장씩), 자, 컴퍼스, 색연필, 빨대(구부러지는 부분이 없는 곧은 빨대, 가급적 긴 것이 좋음), 할핀(크기: 소, 가장 작은 것으로), 네임펜, 가위, 주변에서 황금비 찾을 수 있는 간단한 물건(명함, 카드 등 학생들이 황금비 자를 가지고 잴 수 있는 것), 황금분할기(모둠별 4~5명 정도에 1개씩 가질 수 있도록), 소라/조개
수업흐름	교수학습 활동 내용 및 수업의 전개
도입	◈ 준비 활동 • nature by numbers : 일상생활의 피보나치 수열을 잘 나타낸 동영상 감상 (http://www.youtube.com/watch?v=kkGeOWYOFoA&feature=related) • 동영상 감상 후 우리 주변에서 볼 수 있었던 피보나치 수열이 어떻게 나타났는지 떠올려보고 말해보기 ◈ 문제 상황 제시 • 《산반서》에 제시된 토끼 구하는 문제 풀어보기 • 어떤 규칙이 숨어 있는지 살펴보기
전개	◈ 피보나치 수열과 황금비 살펴보기 • 피보나치 수열과 황금비의 규칙과 둘 사이의 관계 알아보기 • 여러 가지 건축 구조에서 황금비가 이용되는 예 살펴보기 • 이러한 황금비가 일상생활에서 자주 적용되는 이유 생각해보기 ◈ 피보나치 나선 그려보기 • 피보나치 나선을 모눈종이에 그려보고, 조개/소라를 관찰하면서 그린 나선과 비교하여 피보나치 나선이 어떻게 나타났는지 탐구해보기 • 피보나치 나선이 어떻게 적용되어 있는지 발표해보기

	◈ 황금비 자 만들기 • 피보나치 수열과 밀접한 관련이 있는 황금비 자를 보여주고, 간이 황금비 자를 어떻게 만들 수 있을지 생각해보기 • 빨대와 할핀을 이용하여 간이 황금비 자를 만들어보기 • 간이 황금비 자를 이용하여 우리 주변의 사물과 신체 부위에서 황금비를 관찰해보기 • 관찰한 내용을 발표해보기
정리	◈ 정리 및 적용 • 우리 주변에서 피보나치 수열을 어떻게 적용하고 있는지 실제 사례 발표해보기 ◈ 차시 연계 • 내가 피보나치 수열을 어떻게 이용할 수 있을지 생각해보기

✎ 교수·학습 과정안(3차시)

활동명	내가 만드는 피보나치!
활동주제	피보나치 수열을 이용하여 적용 방안 생각하기
학습목표	피보나치 규칙을 이해하여 일상생활에 피보나치를 적용할 수 있는 방안을 만들 수 있다.
준비물	활동지 3, 4(학생당 각 1장씩), 주변에서 볼 수 있는 꽃 중 꽃잎이 3, 5, 8개인 꽃(꽃잎이 모두 붙어 있는 것), 색도화지, 색종이, 풀, 가위
수업절차	교수학습 활동 내용 및 수업의 전개
도입	◈ 준비활동 • 우리 주변의 꽃잎 관찰하기 - 꽃잎의 수를 관찰하고, 우리 주변의 꽃잎에서 피보나치 수열을 찾아보기 - 어떤 피보나치 수열을 관찰하였는지 발표해보기 - 피보나치 수열을 적용하여 '나만의 꽃잎'을 만들어보기 ◈ 문제상황 제시 • 물건을 만드는 제작자, 혹은 예술가, 혹은 건축가, 설계사 등이 되어 피보나치 수열을 이용하여 일상생활에 적용할 수 있는 방안을 만들어보기

<table>
<tr><td>전개</td><td>◈ 여러 가지 방안 생각하기
• 떠오르는 생각 펼쳐보기 (모둠활동)
- 피보나치 수열을 이용할 수 있는 방안은 모두 브레인스토밍을 통해 끄집어내고, 모둠원이 논의하여 실현 가능한 방안으로 좁혀갈 수 있도록 한다.
- 논의한 내용을 바탕으로 활동지에 방안을 적고 장점을 생각해본다.
- 작성한 방안 외에도 여러 가지 생각했던 방안을 적어본다.

◈ 방안의 적절성 확인하기
• 모둠별로 피보나치 수열의 이용 방안에 대하여 발표하기
• 각각의 모둠별 발표 내용에 대하여 다른 모둠이 의견 제시하기
• 다른 모둠의 의견에 대하여 생각을 발표하고, 다른 모둠의 의견을 통해 수정할 부분은 없는지 살펴보고, 방안을 다시 정리하기</td></tr>
<tr><td>정리</td><td>◈ 정리 및 적용
• 피보나치 수열의 원리와 특징에 대해 정리하고, 새롭게 알게 된 점이나 흥미로웠던 점에 대해 이야기 나누기</td></tr>
</table>

피보나치 수열

활동 1 토끼는 몇 쌍이 될까?

《산반서》

한 농장에서 갓 태어난 암수 한 쌍의 아기토끼가 사육되기 시작했다.

한 쌍의 토끼는 생후 1개월 뒤 짝짓기를 하며 짝짓기 뒤 다시 암수 한 쌍의 토끼를 생산한다고 가정하자.

토끼가 죽지 않고 산다면 일 년이 지난 후(13개월째) 토끼는 몇 쌍이 될까?

▣ 그림을 사용하거나, 표를 만들어 사용해서 토끼는 13개월 후에 몇 쌍이 될지 생각해보세요. 아래 활동지에 몇 쌍이 될 수 있는지 찾은 결과를 기록해보세요.

활동 2 피보나치 나선을 그려보자!

1. 모눈종이에 규칙에 따라 피보나치 수로 정사각형을 만들어 색칠해 보자.

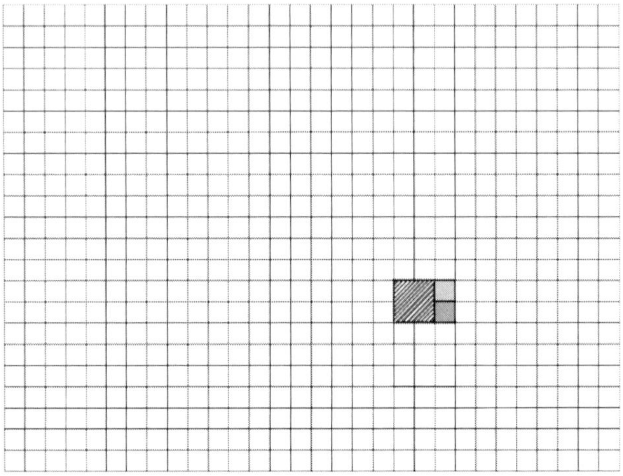

2. 색칠된 정사각형에 다음과 같이 각각 대각선을 그은 후 컴퍼스를 이용해 반지름이 1, 2, 3, …인 원호를 사각형 위에 그려보자.

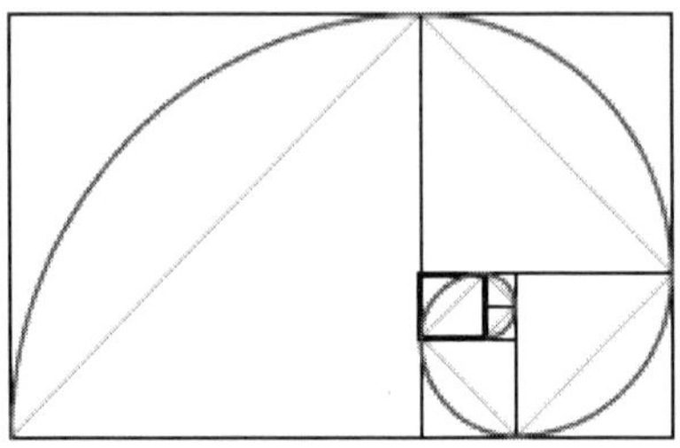

활동 3 꽃잎을 관찰하고 만들어보자!

▣ 주어진 꽃잎을 관찰하고, 피보나치 수열이 어떻게 나타나 있는지 살펴봅시다. 관찰한 꽃잎을 생각하면서, 피보나치 수열을 이용하여 나만의 꽃을 만들어봅시다. 그림을 그려도 좋고, 도화지를 이용하여 꽃잎을 만들어도 좋습니다. 활동지 아래에 나만의 꽃잎을 만들어보세요!

활동 4 우리 생활에서 피보나치 수열을 어떻게 이용할까?

▣ 우리 주변에 피보나치 수열을 어떻게 이용할 수 있을까요? 우리가 평소에 쓰는 물건, 놀이기구, 예술품, 건축물 등.. 피보나치 수열을 이용할 수 있지 않을까요? 어떻게 피보나치 수열을 이용할 수 있을지 생각해보고 내용을 정리해봅시다.

우리가 생각한 것은?	
피보나치 수열을 어떻게 이용했나?	
피보나치 수열을 이용해서 좋은 점	
피보나치 수열이 이용될 수 있는 또 다른 예	

B2 바코드를 복원하라

✎ 활동 개요

본 활동은 실생활에서 흔히 활용되고 있는 바코드의 원리를 알아보고, 이를 바탕으로 상품의 특징에 맞는 바코드를 디자인하는 활동으로 구성되어 있다. 그래서 첫 번째 활동에서는 실제 바코드가 활용되는 예를 찾아보고, 바코드의 원리를 간단한 실험활동을 통해 알아보면서 바코드가 가지고 있는 기본적인 특징에 대해 이해한다. 두 번째 활동에서는 체크 숫자의 생성방법을 통해 손상된 바코드를 복원하고, 바코드 생성원리를 이해하고, 상품을 확인해 보는 활동을 한 후, 상품에 맞는 바코드를 디자인하는 창의적인 활동을 하게 된다. 이를 통해 학생들은 간단한 실험과 바코드를 복원하는 탐구활동을 경험하고 과학적 탐구 능력 및 수학적 추론 능력 및 의사소통 능력을 키우게 될 것이다. 그리고 상품의 특징을 나타내는 새로운 디자인 활동을 함으로써 창의적 문제해결력, 통합적 사고능력 및 창의적 표현능력을 기르게 될 것이다.

	차시	주요 활동 내용
활동내용	1	◈ 신용카드에서 바코드 찾아보기 • 바코드 찾아내는 실험하기 ◈ 바코드의 원리 이해하기 • 바코드의 어원 및 역사에 대해 이해하기 • 체크 숫자가 존재하는 이유 알아보고 생성방법 탐구
	2~3	◈ 손상된 바코드 복원하기 • 체크 숫자 생성 방법을 이용하여 손상된 바코드 복원하기 ◈ 바코드 디자인하기 • 복구한 바코드의 상품을 확인하여 적절하게 디자인하기 • 상품의 특징이 잘 드러난 바코드 디자인 선정하기
준비물		철가루, 알코올, 스포이트, 테이프, 못 쓰는 신용카드, 색연필, 사인펜, 인터넷, 스마트폰, A4 종이

✎ 융합적 요소 및 교육과정 연계성

융합적 요소	학습 목표	교육과정
M 수학		
수학적 추론능력	• 여러 바코드에 적힌 13자리의 숫자들을 살펴보고 체크 숫자가 정해지는 원리를 추론할 수 있다.	**3-2-8. 규칙찾기와 문제해결** - 규칙 찾아 문제해결하기 **4-1-8. 삼각형** - 규칙 찾아 수로 나타내기 **4-2-8. 규칙찾기와 문제해결** - 문제해결하고 풀이과정 설명하기
개념 및 원리의 이해	• 바코드의 어원 및 역사에 대해 이해할 수 있다. • 체크 숫자가 있어야 하는 이유를 알고, 생성방법의 원리를 이해할 수 있다.	
문제해결 능력 의사소통 능력	• 체크 숫자가 정해진 규칙을 이용하여 손상된 바코드를 복원할 수 있다. • 문제를 해결하기 위해 모둠원들과 토의하며 문제해결 방법을 친구들에게 발표할 수 있다.	
A 예술		
미적 감수성 표현 능력 비판적 사고력 창의적 사고력	• 복원한 바코드가 나타내는 상품과 어울리는 디자인을 창의적으로 제작할 수 있다.	**5/6-3. 디자인과 생활** - 포장지 만들기 - 글과 그림으로 전달하기
S 과학		
기본 개념 이해	• 신용카드에 숨겨진 바코드를 자석의 성질을 이용하여 찾아낼 수 있음을 이해할 수 있다.	**3-1-2. 자석의 성질** - 자석의 성질 알기 - 생활에서 자석의 활용되는 예 알기 **6-1-5. 자기장** - 전자석의 성질 알기
과학적 탐구 능력	• 신용카드에서 바코드를 찾아내기 위한 실험을 설계하여 숨겨진 바코드를 찾아낼 수 있다.	

✎ 지도상의 유의점

- 학생들이 충분히 활용할 수 있도록 사전에 스마트폰의 수량을 확인한다.
- 스마트폰에서 다운받은 바코드 앱이 미리 준비한 바코드를 모두 인식할 수 있는지 교사가 사전에 미리 확인한다.

✎ 교수·학습 과정안(1차시)

활동명	바코드를 복원하라
활동주제	바코드란 무엇일까?
학습목표	• 바코드의 원리를 이해할 수 있다. • 일상생활에서 활용되고 있는 바코드의 예를 알 수 있다.
준비물	철가루, 알코올, 스포이트, 테이프, 못 쓰는 신용카드
수업흐름	교수학습 활동 내용 및 수업의 전개
도입	◈ 준비활동 • 일상생활에서 바코드를 사용하고 있는 예를 찾아 이야기 나누기 ◈ 문제 상황 제시 • 바코드는 어떻게 이루어져 있고, 어떤 수학적인 규칙이 있는지 알아보기
체험	◈ 신용카드에서 바코드 찾아보기 • 신용카드에도 바코드가 숨겨져 있는 곳 찾아보기 • 바코드 찾아내는 실험하기 - 신용카드 마그네틱 부분에 철가루와 알코올 섞어 스포이트로 떨어뜨린 후, 카드를 살짝 흔들기 - 테이프로 살짝 붙였다 떼어 학습지에 붙이기 • 철가루에 나타난 바코드 확인하기 ◈ 바코드의 원리 이해하기 • 바코드의 어원 및 역사에 대해 이해하기 • 바코드의 여러 종류 확인하고, 13자리 바코드가 주로 이용되고 있음을 알기 • 바코드의 굵고 가는 검은색 막대의 의미 이해하기 • 13자리의 바코드에서 숫자가 의미하는 것을 예측해 보고 확인하기

	• 체크 숫자가 존재하는 이유 알아보고, 여러 사례를 통해 체크 숫자가 나타나는 규칙 예측해 보기 - 체크 숫자의 생성 방법 (체크 숫자를 제외한 홀수번째 숫자들의 합) + (짝수번째 숫자들의 합 × 3) + (체크 숫자) = 10의 배수
마무리	◈ 정리 및 적용 • 바코드를 이용하는 데 또 다른 예(생명체 바코드 등)를 찾아보고, 장단점에 대해 이야기 나누기

✎ 교수·학습 과정안(2~3차시)

활동명	바코드를 복원하라
활동주제	바코드를 디자인하자
학습목표	• 체크 숫자가 정해지는 규칙을 이용하여 손상된 바코드를 복원할 수 있다. • 손상된 바코드가 맞는지 테크놀로지를 통해 확인할 수 있다. • 바코드의 상품을 확인하고, 그에 맞는 디자인을 할 수 있다.
준비물	색연필, 사인펜, 인터넷, 스마트폰, A4 종이
수업절차	교수학습 활동 내용 및 수업의 전개
도입	◈ 준비활동 • 핸드폰을 통해서 바코드 애플리케이션을 확인해 본 경험이 있는지 이야기 나누고 다운받기 ◈ 문제 상황 제시 • 손상된 바코드를 복원하여 상품에 맞는 디자인을 하는 상황 이해하기
체험	◈ 손상된 바코드 복원하기 • 모둠별로 다르게 주어진 손상된 바코드를 복원하기 위해 어떻게 해야 할지 이야기 나누기 • 손상된 바코드 복원한 후, 바코드 번호를 인터넷 사이트에 접속하여 번호를 적어 바코드 이미지 생성하기 • 생성한 바코드 이미지를 핸드폰에 다운받은 애플리케이션(예: 바코드 스캐너)로 찍어 맞게 복원했는지 확인하기 ◈ 바코드 디자인하기 • 복구한 바코드가 어떤 상품인지 확인하기 • 상품의 이미지가 담긴 바코드 디자인하기(짝활동) • 디자인한 바코드를 발표 및 전시하기 • 상품의 특징이 잘 드러난 바코드 디자인 선정하기
마무리	◈ 정리 및 적용 • 바코드의 원리를 이해하고, 바코드를 디자인해 본 소감에 대해 이야기 나누기

바코드를 복원하라

활동 1 바코드 찾기

▣ 신용카드에서 바코드 찾기

1. 신용카드에 숨겨진 바코드를 찾아봅시다.

[바코드 찾아보기]

① 신용카드 마그네틱 부분에 철가루와 알코올을 섞어 스포이트로 떨어뜨린 후, 카드를 살짝 흔듭니다.
② 테이프로 살짝 떼어 아래에 붙입니다.
③ 철가루에 나타난 바코드를 확인합니다.

[신용카드 속 바코드]

▣ 바코드의 원리 이해하기

1. 바코드에 제시된 숫자가 의미하는 것을 알아봅시다.

8 801234 567893

2. 여러 바코드를 통해 체크 숫자가 생성되는 원리를 예측하고 정리해 봅시다.

[예측하기]

[정리하기]

활동 2 바코드 복원하기

▣ 손상된 바코드 복원하기

1. 모둠별로 주어진 손상된 바코드를 복원한 후 복원한 방법에 대해 정리해 봅시다.

[손싱된 바고드]

[바코드 복원한 방법]

▣ 바코드 이미지 생성하기

1. 복원한 바코드 번호를 바코드 번호를 인터넷 사이트에 접속하여 이미지를 생성해 봅시다.

바코드 이미지 만들기

① 바코드 이미지를 만드는 인터넷 사이트에 접속합니다.
② 복원한 바코드 숫자들을 차례로 입력한 후, 바코드 변환하는 버튼을 누릅니다.
③ 화면에 나타난 바코드를 출력합니다.

▣ 바코드 디자인하기

1. 스마트폰을 이용하여 바코드가 나타내는 상품을 확인해 봅시다.

바코드가 나타내는 상품 알아보기
① 스마트폰의 애플리케이션(예: 바코드 스캐너)을 설치합니다.
② 복구한 바코드를 인식하여 바코드가 나타내는 상품을 알아냅니다.

2. 복구한 바코드를 붙이고, 상품의 이미지가 담기도록 바코드를 디자인해 봅시다.

교사용 참고 자료

※ 바코드란?

바코드는 희고 검은 선(bar)의 배열이 물건에 대한 정보를 제공해 주는 코드(code)로, 숫자나 기호를 광학적으로 쉽게 판독할 수 있도록 부호화한 것이다.

※ 바코드의 구성 원리

우리나라에서 사용하는 KAN 코드는 대한상공회의소 유통물류진흥원에서 부여하는데 표준형 13자리와 단축형 8자리가 있다. 표준형코드의 13자리는 국가코드(3) + 제조업체코드(4~6) + 자체상품코드(5~3) + 검증코드(1)로 구성되어 있다. 제조업체코드와 자체상품코드 해당 숫자 개수는 상품의 종류에 따라 달라지지만 두 코드에 해당하는 수는 아홉 개이다. 단축형 코드는 국가코드(3) + 제조업체 코드(3) + 자체상품코드(1) + 검증코드(1)로 크기가 표준형보다 약간 작아서 인쇄 공간이 부족하거나 표준형 코드 사용이 부적당한 경우에 사용한다.

8 801234 567893

국가표시 (880은 한국임) | 제조업체코드 | 자체상품코드 | 검증코드

한편 출판물에는 국제표준도서번호(ISBN) 13자리가 쓰이는데 이 번호는 국립중앙도서관 한국문헌번호센터에서 관리하고 있는데 이는 상품코드와 번호 부여방식에 차이가 있다. 번호체계는 유통분류용번호(3자리) - 국가(2자리, 우리나라는 89 임) - 발행자번호 및 서명식별번호(7자리) - 검증번호(1자리)로 되어 있다.

본 주제에서는 우리나라에서 사용하는 KAN 코드의 표준형 예시를 사용하였으며, 검증코드 생성 원리는 '(홀수 번째 자리에 있는 수들의 합) + (짝수 번째 있는 수들의 합) + (검증코드) = 10의 배수'이다.

※ 바코드의 활용

스마트폰에 바코드를 인식할 수 있는 애플리케이션을 설치하여, 관심 있는 상품에 인쇄된 바코드를 스마트폰 카메라로 인식하게 한 후 온라인 마켓의 데이터를 불러오면 최저가 검색이 가능하다. 또한 명함에 이런 바코드를 넣을 경우 스마트폰으로 손쉽게 연락처를 등록할 수도 있으며, 신문이나 잡지 등의 기사 끝에도 2차원 바코드를 넣어 기사와 관련된 멀티미디어 콘텐츠를 보여줄 수도 있다. 그 외에도 광고, 영화안내, 관광이나 전시, 박물관 등에서는 휴대폰과 연계하여 원하는 내용을 보여주거나 들려줄 수 있기에 실제 바코드를 활용하여 다양한 수업을 진행할 수 있다.

B3 삼총사와 떠나는 여행

✎ 활동 개요

본 활동은 "도형나라 삼총사"(삼각형, 사각형, 원)의 이야기를 듣고, 주어진 문제를 해결하기 위해 자연 속에서 새로운 도형을 찾아보고, 왜 그러한 도형으로 이루어졌는지 탐구하는 과정을 통해 육각형의 성질을 이해할 수 있도록 하였다.

첫 번째 활동으로 도형나라 삼총사(삼각형, 사각형, 원)가 연필을 도와주기 위해 삼각형, 사각형, 원 이외의 다른 도형을 눈 결정 속에서 찾아보고, 왜 육각형이 눈 결정에서 나타나는지 그 이유를 추측해 보고, 직접 육각형을 이용하여 눈 결정을 만들어 보도록 하였다.

두 번째 활동은 눈 결정과 마찬가지로 벌집에서 육각형을 찾아보고, 왜 벌집이 육각형으로 이루어졌는지 추측해 본 이후에 여러 가지 실험을 통해 벌집이 육각형인 이유에 대해 결과를 정리하여 발표할 수 있도록 하였다.

마지막으로 "도형나라 삼총사"가 육각형을 만들기 위해 삼각형, 사각형, 원을 이용해서 육각형을 만들 수 있는 다양한 방법을 생각해 보고, 이를 직접 경기 형태로 확인해 보는 활동을 구성하였다. 이를 통해 학생들은 스스로 문제를 해결하기 위해 계획을 세우고, 결과를 정리하여 일반화할 수 있으며, 모둠친구들과의 논의과정을 거침으로써 의사소통능력의 신장을 가져올 수 있을 것이다.

	차시	주요 활동 내용
활동 내용	1	◈ 눈 결정에서 찾은 육각형 • “도형나라 삼총사” 이야기를 듣고, 해결해야 할 문제 파악하기 • 눈 결정에서 관찰되는 도형을 찾아보고, 눈 결정이 육각형으로 이루어진 이유에 대해 탐구하기 • 육각형을 이용하여 눈 결정 만들기
	2~3	◈ 벌집이 육각형으로 이루어진 이유 탐구하기 • 벌집에서 관찰되는 도형을 찾아보고, 벌집이 육각형으로 이루어진 이유에 대해 예상해 보기 • 벌집이 육각형으로 이루어진 이유를 찾기 위한 여러 가지 실험을 하고, 벌집이 육각형인 이유 찾아 발표하기 ◈ 육각형 만들기 게임 • 펜토미노나 컴퍼스를 이용하여 육각형 만들기
준비물		얇은 흰색 종이, 가위, 풀, 검은 도화지, 길이가 같은 종이끈(두꺼운 종이), 스카치 테이프, 콩, 패턴 블록, 컴퍼스

✎ 융합적 요소 및 교육과정 연계성

융합적 요소	학습 목표	교육과정
M 수학		
수학적 추론능력	• 여러 가지 자연물에서 육각형이 관찰되는 이유를 육각형의 성질에 비추어 추론해 낼 수 있다.	**3-2-3. 원** - 원의 성질 알기 - 원을 그리기 **4-1-4. 삼각형** - 여러 가지 삼각형의 성질 알기 **4-2-4. 사각형과 다각형** - 여러 가지 사각형의 정의 및 성질 알기
개념 및 원리의 이해	• 여러 가지 도형(삼각형, 사각형, 원)의 성질을 바탕으로 육각형의 성질을 이해할 수 있다.	
문제해결 능력 의사소통 능력	• 이야기를 듣고, 주어진 상황을 해결하기 위한 문제 해결 계획을 세울 수 있다. • 문제를 해결하기 위해 모둠원들과 토의하며 문제해결 방법을 친구들에게 발표할 수 있다.	

융합적 요소	학습 목표	교육과정
A 예술		
미적 감수성	• 눈 결정이 만들어지는 원리를 바탕으로 자신만의 다양한 눈 결정을 만들 수 있다.	**3/4-4. 자연환경과 미술** - 자연환경에서 아름다움 찾아보기 - 자연을 느끼고 표현하기
표현 능력		
비판적 사고력 창의적 사고력		
S 과학		
기본 개념 이해	• 여러 가지 자연물이 어떠한 형태를 보이며 그러한 형태를 나타내는 까닭을 이해할 수 있다.	**3-2-2. 동물의 세계** - 여러 가지 동물 관찰하기 **4-1-4. 모습을 바꾸는 물** - 물의 세 가지 상태 이해 - 물이 얼 때의 변화 관찰
현상에 대한 관심	• 여러 가지 자연물이 어떠한 형태로 이루어졌는지 관심을 가지고 관찰할 수 있다.	
과학적 탐구 능력	• 벌집이 육각형으로 이루어진 까닭을 찾아내기 위해 알맞은 변인을 통제하여 실험계획을 세워 실험하고, 그 결과를 정리할 수 있다.	

✎ 지도상의 유의점

- 벌집이 육각형인 이유에 대해 사전 지식을 가지고 있는 학생이 많을지라도 자신이 가진 지식이 참이라는 것을 다른 사람에게 설명하기 위해서는 사실적인 근거가 중요함을 인식시켜 실험 결과로부터 얻은 사실을 바탕으로 일반화하여 결론을 낼 수 있도록 수업 분위기를 이끌어 간다.
- "도형나라 삼총사"라는 스토리를 바탕으로 활동이 전개되기 때문에 학생들이 주어진 이야기 상황에서 해결해야 할 것이 무엇인지 이를 해결하기 위해서는 어떻게 해야 하는지를 스스로 결정할 수 있는 기회를 제공한다.

✎ 교수·학습 과정안(1~2차시)

활동명	도형나라 밖으로 나온 삼총사
활동주제	눈 결정에서 찾은 육각형
학습목표	• 자연 속에서 있는 육각형을 찾을 수 있다. • 눈 결정이 육각형으로 나타나는 이유를 이해하고, 눈 결정 만들기를 할 수 있다.
준비물	얇은 흰색 종이, 가위, 풀, 검은 도화지
수업흐름	**교수학습 활동 내용 및 수업의 전개**
도입	◈ 준비 활동 • 내가 알고 있는 도형에 대해 이야기하기 ◈ 문제 상황 제시 • "도형나라 삼총사" 이야기 듣기 도형나라 책 속에 살고 있는 삼각형, 사각형, 원은 언제나 자기가 잘났다고 뽐내기에 바쁩니다. 도형나라에는 삼각형, 사각형, 원으로 만들어진 물건밖에 없는 탓에 세상에서 가장 훌륭한 모양은 삼각형, 사각형, 원이라고 생각합니다. 그러던 어느 날 삼각형, 사각형, 원 삼총사가 여느 때처럼 자기 자랑을 하고 가는데 동그란 구멍 하나를 발견하였습니다. 원은 자신의 모양과 같은 이 구멍에 한 번 들어가 보자고 합니다. 삼총사는 조금 걱정이 되기도 했지만 세상에서 최고로 멋진 셋이 함께 있으니 걱정 없다고 큰소리치며 들어갑니다. 작은 구멍으로 들어가자 지금까지 보았던 세상과는 다른 세상이 펼쳐졌습니다. 자신과는 다른 모양이 여기저기 보이는 이 세상이 참 신기하게 보였습니다. 그런 삼총사 앞에 흐느껴 울고 있는 연필 한 자루가 보였습니다. 동그란 모양의 연필은 주인에게 버림받았다면서 울고 있었습니다. 자꾸만 굴러가서 귀찮다며 버렸다고 흐느껴 우는 연필에게 삼각형과 사각형은 자신의 모양으로 변신해보라고 합니다. 하지만 연필은 정말 이렇게 변신하면 주인이 받아줄지 확신이 서지 않습니다. 어떤 모양으로 변신하면 주인이 소중하게 생각하며 다시 받아줄까요?
전개	◈ 도형나라 삼총사와 함께 자연 속으로 도형나라 삼총사는 연필에게 알맞은 모양을 찾기 위해 먼저 자연 속으로 여행을 떠납니다. • 자연 속에서 육각형 찾기(거북이, 잠자리, 눈 결정 등) • 자연 속에서 육각형이 관찰되는 이유에 대해 추측해보기 ◈ 눈 결정 만들기 • 정사각형 종이를 육각형이 되도록 겹쳐 접어서 모양내어 오리기 • 다양한 모양의 눈 결정 발표하기 • 물의 구조(산소와 수소의 결합) 모형을 통해 눈 결정이 육각형 형태로 나타나는 이유에 대해 이해하기

정리	◈ 정리 및 적용 • 눈 결정을 통해 육각형의 성질에 대해 알게 된 점 발표하기 ◈ 차시 연계 • 자연 속에서 찾을 수 있는 육각형의 다른 예가 있는지에 대해 발표하기

✎ 교수·학습 과정안(3차시)

활동명	벌집은 왜 육각형일까?
활동주제	벌집이 육각형으로 이루어진 이유 탐구
학습목표	• 벌집이 육각형으로 이루어진 이유를 찾아낼 수 있다. • 삼각형, 사각형, 원을 이용하여 육각형을 만들 수 있다.
준비물	길이가 같은 종이끈(두꺼운 종이), 스카치테이프, 콩, 패턴 블록, 컴퍼스
수업절차	교수학습 활동 내용 및 수업의 전개
도입	◈ 준비활동 • 자연 속에서 육각형이 관찰되는 다른 예를 찾아 발표하기 ◈ 문제 상황 제시 • 벌집은 왜 육각형인지에 대해 생각해보기
전개	◈ 벌집이 육각형인 이유 찾기 ① • 길이가 같은 종이끈을 연결하여 삼각형, 사각형, 원, 육각형을 각각 12개씩 만들기 • 각각의 모양을 연결하기 책상 위에 올려놓고 비교하기 • 책상 위에 올려놓은 벌집 모양을 상하좌우에서 자를 이용하여 힘을 주며 모양의 변화 비교하기 • 벌집이 육각형인 이유를 찾아 정리하기 ◈ 벌집이 육각형인 이유 찾기 ② • 길이가 같은 종이끈을 연결하여 큰 삼각형, 사각형, 원, 육각형을 한 개씩 만들기 • 각각의 모양에 콩을 넣고, 그 개수 비교하기 • 벌집이 육각형인 이유를 찾아 정리하기

	◈ 삼각형, 사각형, 원으로 육각형 만들기 경기하기 도형나라 삼총사는 매력적인 육각형을 도형나라로 데리고 가고 싶습니다. 그런데 도형나라에는 오직 삼각형, 사각형, 원뿐이니 어떻게 하면 삼각형 사각형, 원으로 육각형을 만들 수 있을지 고민하기 시작했습니다. • 패턴 블록을 이용해서 여러 가지 방법으로 육각형 만들기 • 컴퍼스로 원을 그려서 육각형 만들기 ◈ 원 모양인 연필을 어떤 모양으로 바꾸면 좋을지 이유를 들어 발표하기
정리	◈ 정리 및 적용 • 육각형이 실생활에 적용되는 다른 사례에 대해 발표하기 • 삼총사와 자연 속을 여행하며 육각형에 대해 탐구하면서 느낀 점 발표하기

삼총사와 떠나는 여행

활동 1 도형나라 삼총사의 자연 속 여행

▣ 도형나라의 삼총사 이야기 듣기

1. 도형나라 삼총사 이야기를 듣고, 앞으로 어떻게 문제를 해결해 나가면 좋을지 생각해 봅시다.

[내가 생각하는 연필의 모양]

[그렇게 생각하는 까닭]

[삼각형, 사각형, 원을 도형의 전부로 알고 있는 삼총사에게 어떤 경험이 필요할지 생각하며 삼총사의 여행 계획을 세워봅시다.]

여행 순서	장소	삼총사가 새롭게 알게 될 내용
①		
②		
③		

2. 자신이 세운 여행 계획을 발표해 봅시다. 가장 알맞은 여행 계획이 무엇인지 함께 이야기해 봅시다.

▣ 도형나라 삼총사와 함께 자연 속으로

1. 자연 속에서 여러 가지 모양 찾기

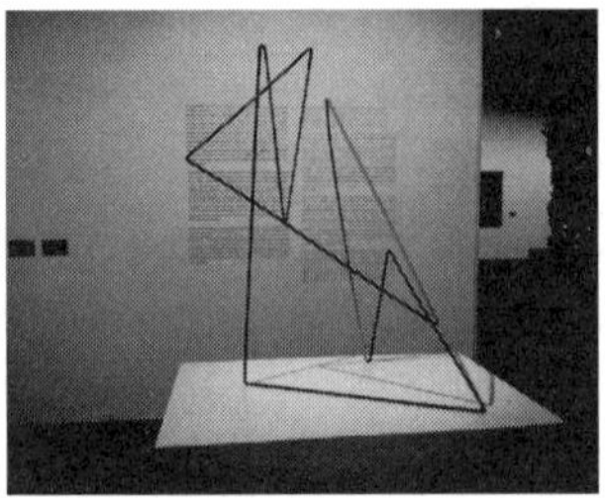

도형나라 삼총사는 연필에게 필요한 새로운 모양을 찾기 위해 이 신기한 세상을 여행해 보기로 결심합니다. 도형나라 삼총사가 처음으로 간 곳은 산과 들이 펼쳐진 자연이었습니다. 도형나라 삼총사가 자연 속에서 어떤 모양을 찾을 수 있을까요?

자연 속 대상	관찰 가능한 모양

2. 다음 그림 속에서 공통적으로 관찰되는 모양을 찾아봅시다. 그리고 왜 그러한 모양이 관찰되는지 추측해 봅시다.

벌집
(출처: http://pavlo.kr/549)

눈 결정
(출처: http://www.polinews.co.kr/news)

[왜 이러한 모양이 나타날까요?]

▣ 눈 결정 만들기

1. 다음 그림과 같은 방법을 참고하여 여러 가지 눈 결정을 만들어 봅시다.

[눈 결정 만들기 예시]

① 반으로 접어 삼각형을 만든다.

② 다른 방향으로 삼각형이 되도록 접는다.

③ 3등분이 되도록 1/3지점을 접는다.

④ 뒤집는다.

⑤ 반대 방향으로 접는다.

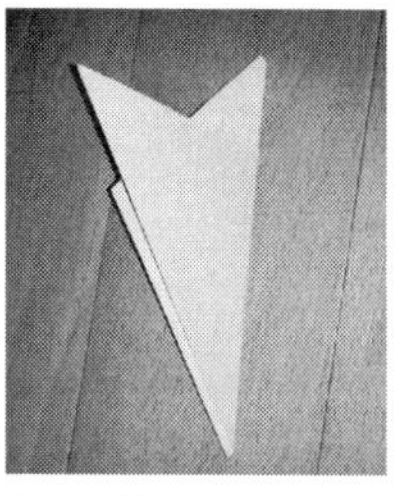

⑥ 반으로 접는다.

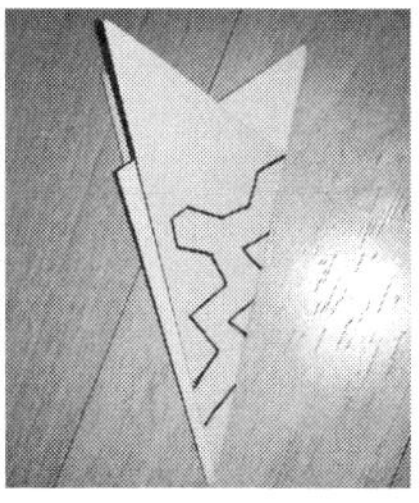

⑦ 가위로 다음 그림과 같이 모양을 그리고 선을 따라 오린다.

⑧ 펼친다.

⑨ 눈 결정 완성

2. 다음의 신문 기사를 읽고, 육각형이 왜 가장 안정적인 구조인지 생각해봅시다.

눈의 결정은 언제나 육각형?

겨울은 봄의 꽃도, 여름의 녹음도, 가을의 낙엽도 없다. 매서운 바람뿐이다. 그러나 자연은 공평하게도 이 계절을 위해 지상 최고의 낭만을 남겨두었다. 겨울에는 눈이 있다. 눈은 도시며 산이며 들 어디든 동화 속 환상의 나라로 바꿔버리는 마법 같은 힘을 가졌다. 꿈과 낭만의 상징인 눈에 감춰진 자연의 비밀은 무엇일까?

눈 결정의 기본 구조는 대개 육각형이다. 눈의 결정이 육각형인 것은 눈의 성분이 물이기 때문에 나타나는 현상이다. 눈 결정의 크기는 고작 1천분의 1mm, 커봐야 몇 mm에 지나지 않는데, 이 작은 결정은 다시 1조의 100만 배에 해당하는 물 분자로 이뤄진다. 물은 두 개의 수소가 결합된 구조를 가지고 있다. 두 수소가 결합하는 각도와 물 분자끼리 어울리는 방식에 따라 물 분자의 모양이 형성된다. 물 분자는 매끄러운 면보다는 두 면이 만나는 모서리에 더 잘 달라붙기 때문에 각진 모양을 이루게 되며 육각형으로 배열될 때 가장 안정적인 모양을 띄게 된다. 결국 눈 결정은 물 분자가 안정적으로 배열해 얼어붙은 것이다. 눈 결정은 형성될 당시의 수증기의 양과 온도에 영향을 받아 서로 다른 모양으로 변형된다. 자연계에는 눈송이처럼 육각형 구조를 지닌 것들이 많다. 벌집, 벤젠 등이 자연계의 대표적인 육각형 구조체들이다.

출처 : KISTI의 과학향기(2004.11.26 한겨레신문)

활동 2 육각형의 비밀을 풀다

▣ 벌집이 육각형인 이유 찾기

1. 벌집이 육각형인 이유를 찾기 위해서 여러 가지 다른 모양을 이용하여 벌집을 만들어 봅시다.

도형나라 삼총사는 잠자리, 눈 결정, 거북이 등껍질 등 자연 속 여러 가지에서 육각형이라는 새로운 모양을 찾아내었습니다. 하지만 이러한 육각형이 삼각형, 사각형, 원과 달리 어떠한 특징이 있는지 아직 알아내지 못했습니다. 그러던 중 벌집 모양이 육각형이라는 것을 발견합니다. 도형 나라 삼총사는 이번에야 말로 벌집이 왜 육각형 모양인지 찾아내 보려고 합니다.

[벌집 만들기 1]

① 길이가 같은 종이끈을 연결하여 삼각형, 사각형, 원, 육각형을 각각 12개씩 만들기
② 각각의 모양을 연결하기 책상 위에 올려놓고 비교하기
③ 책상 위에 올려놓은 벌집 모양을 상하좌우에서 자를 이용하여 힘을 주며 모양의 변화 비교하기

[벌집 만들기 2]

① 길이가 같은 종이끈을 연결하여 삼각형, 사각형, 원, 육각형을 한 개씩 만들기
② 각각의 모양에 콩을 넣고, 그 개수 비교하기

※ 벌집이 육각형인 이유를 실험 결과를 통해 알게 된 사실을 바탕으로 정리해 봅시다.

▣ 육각형 만들기 경기하기

도형나라 삼총사는 새로운 모양인 육각형을 도형 나라로 데리고 가고 싶습니다. 그런데 도형나라에는 오직 삼각형, 사각형, 원뿐이니 어떻게 하면 삼각형, 사각형, 원으로 육각형을 만들 수 있을지 고민하기 시작했습니다.

1. 여러 가지 방법을 이용하여 삼각형, 사각형, 원을 이용하여 육각형을 만들어 봅시다.

- 패턴 블록을 이용하여 여러 가지 방법으로 육각형을 만들어 봅시다.

- 컴퍼스로 원을 그려 육각형을 만들어 봅시다.

▣ 도형나라 삼총사의 결정

1. 도형나라에서 모든 여행을 마치고, 다시 자신의 나라로 돌아가려고 합니다. 그전에 연필에게 육각형으로 변신하면 좋을 것 같다고 이야기합니다. 왜 육각형 모양으로 변신하는 것이 좋을지 그 이유를 설명하시오.

2. 도형 나라가 자신의 나라로 돌아가서 육각형을 널리 알리려고 합니다. 육각형이 이용된 사례를 좀 더 많이 조사하여 육각형만의 특징을 정리해 봅시다.

[육각형이 이용되는 사례]	[육각형이 이용되는 사례]
[사례에 나타난 육각형의 특징]	[사례에 나타난 육각형의 특징]

B4 같은 날짜의 다른 시각의 세계

✎ 활동 개요

본 활동은 자연현상인 계절 변화와 관련하여 만들어진 서양과 동양식 '해시계'의 공통점과 차이점을 과학적 관점에서 탐구해 보고, 예술, 수학 분야에서 동양식과 서양식의 해시계를 직접 만들어 관찰해 보는 활동으로 구성하였다.

첫 번째 활동에서는 자연현상을 이용한 태양의 움직임에 따라 시각을 알아보게 한, 해시계의 역사와 원리를 탐구해 보도록 하였다. 동양식 해시계인 '앙부일구'와 서양식 해시계를 비교하여 시각의 차가 생기는 이유를 예상해 보게 하면서, 동양식과 서양식 해시계의 공통점과 차이점을 발견하도록 하였다.

두 번째 활동에서는 해시계의 원리를 알고, 직접 동양식 해시계인 '앙부일구' 모형을 살펴보고, '앙부일구'가 설치되어 있는 역사유적지 사례를 조사하게 하여 알아본다. 실제로 야외 활동(맑은 날은 실외, 흐릴 경우 전등 이용)을 통해 계절의 변화에 따른 동양식 해시계를 읽고, 그 과학적 우수성을 정리해 보도록 한다.

마지막 활동으로, 서양식 해시계를 '원' 모양으로 각도기와 자를 이용하여 만들고 시각을 읽어보도록 한다. 수학적 수치 계산을 통해 정확한 종이 해시계를 만들어 보는 활동을 체험한다. 이런 활동을 통해 동양식 해시계 '앙부일구' 모형을 통해 해시계를 읽고, 시간 계산하는 방법, 서양 시각과 차이가 생기는 이유를 추론해 보도록 하고, 역사 유적에서 수학과 과학적 원리를 스스로 탐색해 보는 기회를 가진다.

도형과 각도에 따른 해시계 제작과 해시계 읽기를 지도하면서 과학 교과의 계절의 변화를 폭넓게 설명할 수 있는 주제로 해시계를 나만의 디자인으로 꾸며보는 활동을 통해 통합적으로 사고하는 태도를 가질 수 있다.

	차시	주요 활동 내용
활동내용	1	◈ 해시계의 역사와 원리 탐구하기 • 해시계의 발명에 대한 역사와 원리 이해
	2	◈ 동서양의 해시계의 공통점과 차이점을 과학적 관점에서 알아보기 • 역사 유적의 동양식 '앙부일구' 모형을 통해 우리 조상들의 과학적 우수성 알기 • 현재 우리가 사용하는 서양식 시계와 비교하여, 시각의 차이가 생기는 이유 예상해 보기
	3	◈ 종이로 서양식 원모양 해시계 만들기 • 각도, 원을 이용하여 서양식 종이 해시계 만들기 • 야외로 나가 '앙부일구'와 서양식 종이 해시계의 시각 직접 비교하고, 시각의 차이가 생기는 이유 추론하기
준비물		앙부일구 모형 3세트, 자, 연필, 컴퍼스, 각도기, 가위, 개인당 골판지(가로, 세로 30cm인 것 1개, 가로 12cm, 세로 30cm짜리 1개), 스카치 테이프

✎ 융합적 요소 및 교육과정 연계성

융합적 요소	학습 목표	교육과정
M 수학		
수학적 추론력	• 역사적 발명품으로만 생각했던 해시계에 대한 수학적 관찰을 통해 동양과 서양에서 사용했던 해시계에 숨겨진 다양한 규칙을 찾아보고 지금과 다른 수의 개념과 시각, 각도 등을 이용하여 현대의 시계인 서양식 시계와의 시각 차이를 발견하고 차이가 나는 이유를 추론할 수 있다.	**3-2. 원** **4-1. 각도** **6-2. 문제해결방법 찾기**
수학적 탐구능력 문제해결 능력	• 자연현상을 이용하여 시각을 알고자 했던 조상들의 지혜와 과학적 우수성이 느껴지는 '앙부일구'의 원리를 통해 수학적 탐구 능력을 다양한 관점에서 기를 수 있다. • 동양적 사고로 세상을 바라보는 관점과 정확한 시각 읽기를 모둠원과 토의해 봄으로써 수학적 문제해결을 경험할 수 있다.	

융합적 요소	학습 목표	교육과정
A 예술		
정확한 표현, 미적 관찰력 미적 표현능력	• 해시계를 각도, 원 도형을 이용하여 정확하게 설계하여 직접 만들어 보고, 꾸며봄으로써 예술적인 해시계의 조화와 심미성과 같은 통합적 태도도 기를 수 있는 기회가 될 수 있다.	**6학년 미술. 색과 생활** 디자인 단원과 관련
S 과학		
과학적 지식 및 탐구력	• 과학적 관점에서 계절의 변화와 관련되는 해시계를 각도, 원 도형을 이용하여 수학적인 방법으로 직접 만들어 보는 통합적 활동을 할 수 있다.	**3-2. 빛과 그림자** 그림자 살펴보기
과학, 기술, 사회(역사)의 관계 인식	• 과학적 탐구를 통해 동양과 서양에서 사용했던 해시계에 숨겨진 다양한 규칙을 찾아보는 과정을 통해, 조선 시대의 생활사와 과학 기술 등을 스스로 생각해 보는 기회를 가질 수 있다.	**6-1. 계절의 변화** [나도 과학자] 계절 변화를 알 수 있는 해시계 만들기

✎ 지도상의 유의점

- 과학적 차원과 역사적 차원에서 '해시계'를 다양한 관점에서 학습할 수 있는 기회이기 때문에, 학생들이 장영실 이야기나 사회 교과와 같이 폭넓은 교과에서 이해한 경험을 자유롭게 나누도록 한다.
- 제작과 별도로, 직접 날씨와 관련하여 관찰을 진행해야 하는 부분이 있으므로, 맑은 날 태양이 잘 비치는 곳을 과학적 실험의 장소로 한다. 단, 흐릴 경우, 계절 변화의 위도와 경도 등을 고려한 전등 실험으로 대체할 수 있도록 한다. 과학적 실험에 기본이 되기 때문에 수업을 진행할 때, 과학 교과적 내용을 중심으로 하되, 수학적인 부분에 대한 설명을 빠뜨리지 않도록 한다.

✎ 교수·학습 과정안(1차시)

활동명	태양으로 알아보는 시각
활동주제	해시계의 역사와 원리 알기
학습목표	• 해시계의 역사와 원리를 탐구할 수 있다. • 해시계의 필요성에 대해 현재의 시계와 비교하여 추측할 수 있다.
준비물	앙부일구 모형 3세트, 해시계 사진, 그림 자료
수업흐름	교수학습 활동 내용 및 수업의 전개
도입	◈ 준비 활동 • 지식채널 e(장영실과 해시계 발명) 감상 • 지금과 달리 시계가 없던 시대의 시각 읽기에 대해 생각해 보기 ◈ 문제 상황 제시 • 시계는 없지만, 자연현상을 통해 시각을 알았던 조상들의 지혜에 대해 생각해보기 • 해시계의 발명에 대한 지식 나누기
체험	◈ 해시계의 역사와 원리 알아보기 • 역사 유적지의 해시계의 모습 생각해 보기 : 앙부일구, 해시계가 있는 장소 등 • 해시계를 빌명한 이야기를 듣고, 해시계의 필요성과 유용성을 생각해 보기 • 지금의 시계와 해시계의 공통점과 차이점 생각해 보기 • 해가 뜨지 않는 날, 시각을 어떻게 알았을지도 연관지어 생각하고, 역사적 유물에서 찾아보기 ◈ 현재의 시계와 해시계를 비교하여 생각해 보기 • 현재의 시계와 해시계의 시각 차이가 생기는 이유에 대해 생각해 보기 • 시각의 오차가 있지만, 해시계가 가지는 과학적인 우수성을 생각해 보기 • 예상한 결과와 어떤 차이점이 있는지 찾아 정리하여 발표하기
마무리	◈ 정리 및 적용 • 동양식 해시계 모형 관찰과 현재의 시계인 서양식 시계의 차이가 생기는 이유 생각해 보기 • 역사적 유적에서 발견되는 다양한 자연현상을 이용한 시각을 재는 도구에 대해 사례 찾아보기 ◈ 차시 연계 • 동양식 해시계와 서양식 종이 해시계를 관찰하고 공통점과 차이점을 생각해 보기

✎ 교수·학습 과정안(2차시)

활동명	같은 날짜의 다른 시각의 세계 ①
활동주제	동서양의 해시계의 공통점과 차이점을 과학적 관점에서 알아보기
학습목표	• 과학 뿐만 아니라 수학적 관점에서 해시계의 시각을 계산해 볼 수 있다. • 서양식 시계와 동양식 해시계의 공통점과 차이점을 알고, 그 이유를 추론할 수 있다.
준비물	앙부일구 모형 3세트, 해시계 사진, 그림 자료
수업절차	**교수학습 활동 내용 및 수업의 전개**
도입	◈ 준비활동 • 동양식 해시계 '앙부일구' 모형을 직접 관찰해 보기 • 역사 유적의 동양식 '앙부일구' 모형을 통해 우리 조상들의 과학적 우수성 알기 • 계절의 변화와 지리적 특성에 따라 달라지는 태양의 위치와 그림자 등의 과학적 원리를 생각해 보기
체험	◈ 앙부일구를 통해 시각 읽어보기 • 야외에서 앙부일구에 생기는 그림자의 길이와 위치를 통해 시각을 읽어보기 • 현재의 시각과의 차이를 직접 체험해 보기 • 차이가 생기는 이유에 대해 다양한 관점에서 자유롭게 생각해 보기 * 과학 6학년 단원, '계절의 변화', 자전, 공전 등과 같은 과학적 지식을 이용할 수 있도록 다양한 자료를 제시해 준다. ◈ 동양식과 서양식 시계의 차이에 대해 이야기하기 • 관찰 결과, 현재 우리가 사용하는 서양식 시계와 비교하여, 시각의 차이가 생기는 이유 예상해 보기 • 과학적 관점과 수학적 관점을 연계시켜 다양한 이유를 스스로 추론하고 탐구해 보기 • 시각의 차이가 생기는 이유를 위도와 관련하여 설명하고, 이해하기
마무리	◈ 정리 및 적용 • 해시계를 이용한 사례를 탐구하고, 시각의 차이가 생기는 이유 추론하여 발표하기 ◈ 차시 연계 • 종이로 서양식 해시계를 직접 만들고, 직접 시각을 측정한 후, 과학과 수학, 예술적 관점에서 그 원리를 설명하기

✎ 교수 · 학습 과정안(3차시)

활동명	같은 날짜의 다른 시각의 세계 ②
활동주제	종이로 서양식 원모양 해시계 만들기
학습목표	• 종이로 서양식 해시계를 직접 만들어 볼 수 있다. • 직접 시각을 측정한 후, 과학과 수학, 예술적 관점에서 그 원리를 설명할 수 있다.
준비물	앙부일구 모형 3세트, 자, 연필, 컴퍼스, 각도기, 가위, 개인당 골판지(가로, 세로 30cm인 것 1개, 가로 12cm, 세로 30cm짜리 1개), 스카치 테이프/ (수준별) 원 모양 해시계 종이 구조물 제공 가능
수업절차	교수학습 활동 내용 및 수업의 전개
도입	◈ 준비활동 • 손목시계와 같이 현대의 시각을 알아보는 서양식 해시계 만들기 위해 필요한 여러 가지 요소를 생각해 보기 ◈ 문제 상황 제시 • 맑은 날, '앙부일구'는 지금의 시각과 맞지 않고, 다른 나라의 시각과도 비교하기 어렵다는 것을 알았다. 이런 문제를 해결하기 위해 두 가지 종류의 해시계의 시각을 어떻게 측정하면 좋을까?
체험	◈ 종이로 서양식 해시계 만들기 • 각도, 원을 이용하여 서양식 종이 해시계 만들기 • 컴퍼스와 두꺼운 종이를 이용하여 직접 해시계를 간단하게 만들어 보기 - 만드는 과정에서 수학적인 측정과 제작이 비교적 정확해야 해시계를 제대로 관찰할 수 있다. ◈ 해시계로 직접 시간을 재고, 손목시계와 시각 계산해 보기 • 야외로 나가 '앙부일구'와 서양식 종이 해시계의 시각 직접 비교하고, 시각의 차이가 생기는 이유 추론하기 • 시각의 차이를 여러 차례 관찰하여 공통된 부분을 발견하고, 수학적으로 어떻게 그 차이를 해결하는 식을 만들 수 있는지 생각해 보기
마무리	◈ 정리 및 적용 • 현재의 시각과 조상들이 생각한 시각 재는 방법에 대한 느낀 점을 비교해서 과학, 수학적 관점에서 이야기하기 • 두 가지 종류의 해시계를 만들고 탐구하면서 느낀 점 발표하기

같은 날짜의 다른 시각의 세계

활동 1 시각을 다르게 읽어야 할까?

1. 지금과 같은 시계가 없던 시대에는 시각을 어떻게 읽을 수 있었을까요?

※ 지식채널 e(장영실과 해시계 발명) 감상

지금의 시계	조선 시대의 시계

활동 2 조선 시대 시각 읽기

2. 햇빛이 쨍쨍한 맑은 날, 조선 시대 사람들은 손목시계나 디지털 시계가 아닌, 해의 그림자를 이용한 '해시계'를 보았습니다. 우리도 조선시대 해시계 '앙부일구'와 종이 서양식 해시계를 다음 준비물을 통해 만들어 봅시다(각도기, 자, 컴퍼스 등 준비물 별도).

앙구일부	서양식 해시계
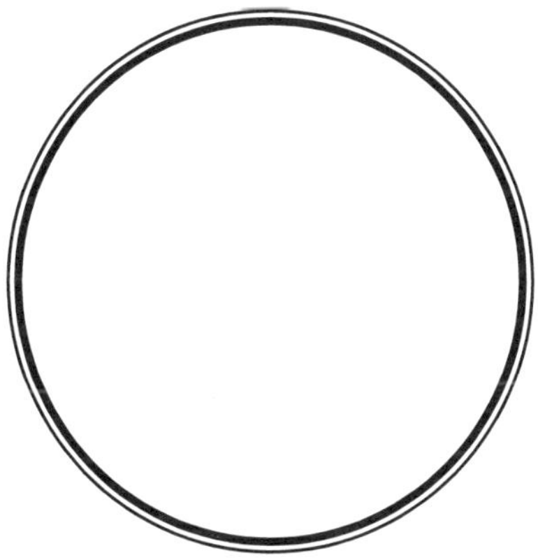 ↑ 24절기에 따라 원을 24개의 선으로 각도기를 이용하여 정확히 나누어 보세요.	① 골판지 위에 컴퍼스를 이용하여 반원을 그린다. ② 각도기를 이용하여 180도를 12로 나누어 15도씩 정확하여 나누어 표시한다. ③ 반원의 중심에 연필을 꽂아 그림자가 생기게 한다. ④ 완성된 골판지를 서울 위도(37.5도)만큼 기울인다.

교사용 참고 자료

※ [과학과 수학의 연계] 앙부일구와 시계와 손목시계 시각의 차이

먼저 평면 해시계가 나타내는 시간은 서울에서의 지방시이므로 경도 보정으로 127.5°인 서울에서는 135°인 곳보다 해가 32분 늦게 남중하게 된다. 이 시간차 32분을 해시계의 시각에 더해주고, 오늘 현재의 균시차를 균시차 표에서 찾아 빼주고 손목시계의 시각과 맞춰보면 된다.

손목시계 시각 = 시태양시 + 32분 − 균시차

이 식을 조금 더 자세히 설명하면, 만약, 우리나라 시계가 일본 시계에 맞춰져 있지 않다고 가정하면 해시계와 우리 시계 사이의 차이는 균시차만 있을 것이다. 즉, 해시계에서 보이는 「시태양시 − 손목시계 시각인 평균 태양시 = 균시차」이므로, 「손목시계 시각 = 시태양시 − 균시차」가 된다. 그런데 우리의 손목시계 시각은 현재 135° 기준으로 되어 있어 실제 태양이 남중하는 것보다 32분 빠르다. 해시계 시각인 시태양시와 맞추려면 손목시계 시각에서 32분을 빼주어야 한다. 이것을 위의 식에 넣어주면 아래와 같다.

손목시계 시각 = 시태양시 + **32분** − 균시차 시태양시(해시계 시각) = 손목시계 시각 − 32분 + 균시차

(참고: 안드로이드/아이폰 앱 스토어
– '과학돋보기' 서울특별시과학전시관 애플리케이션 다운로드 –체험전시물– '앙부일구')

※ 동양식 해시계 '앙부일구' 종이 모형(활동시 다양한 해시계 유형 직접 만드는 자료)

(1) 기본 해시계 종이 구조물 만들기

(2) 과학사에서 간단한 세트 키트(앙부일구 해시계) 구입 가능

(출처: http://cp.c-ij.com/en/contents/3151/sundial/index.html)

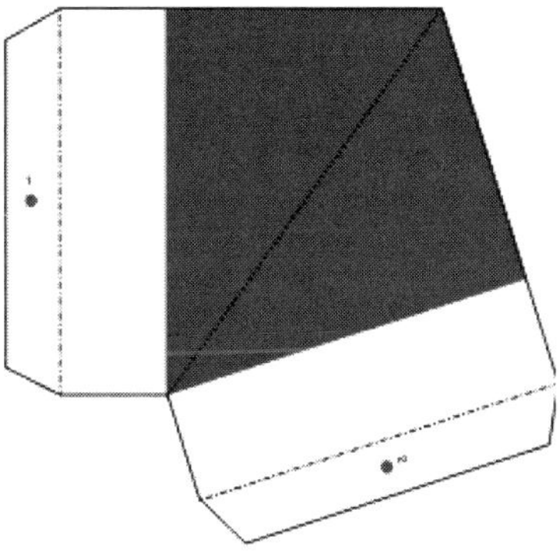

Tip 한국은 베이징(중국)과 같은 위도에 있으므로, 베이징과 같은 기울기로 기울여 그림자를 관찰한다.

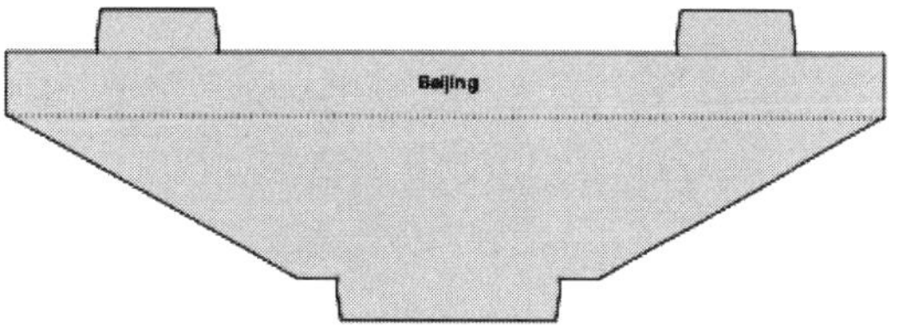

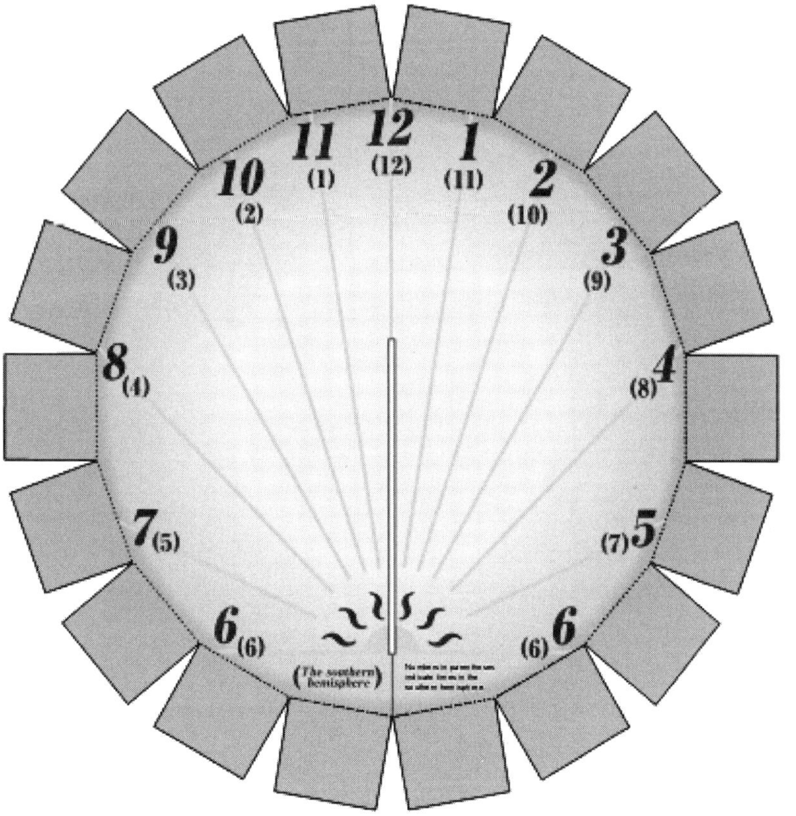

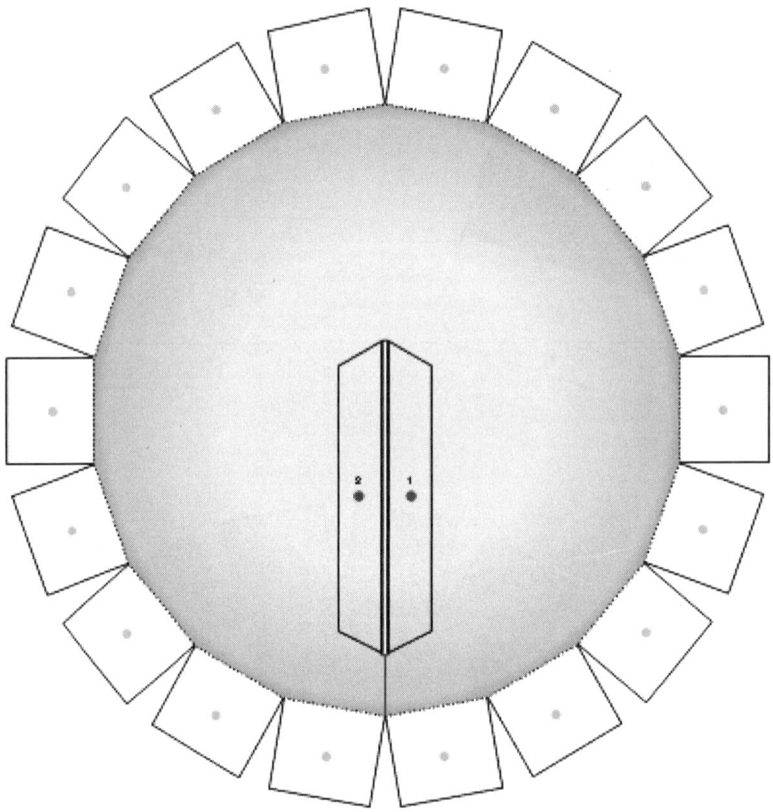
2
1

B5 삼각형으로 꾸며진 아름다운 지붕

✎ 활동 개요

본 활동은 원과 구의 둘레와 넓이가 갖는 성질을 수학적으로 탐구해보고, 예술, 과학 분야에서 적용된 지오데식 돔의 사례를 바탕으로 간단한 삼각형을 이용한 지오데식 돔을 만들어 보는 활동으로 구성하였다.

첫 번째 활동에서는 과학관, 석굴암의 천장부 등 우리 주변과 역사 유적에서 볼 수 있는 건축물 중 돔 형태의 다양한 사례를 살펴본 후, 돔 형태의 건축물의 특징과 공통점, 규모의 차이점 들을 찾아본다. 이 과정에서 원과 구의 성질이 돔 건축물을 만드는 데 어떻게 이용되었는지를 탐구해 보도록 한다.

두 번째 활동에서는 이러한 지오데식 돔의 다양한 사례를 예술, 건축, 과학 분야를 중심으로 찾아보고, 평면 도형의 어떤 성질과 관련하여 이러한 건축물이 만들어졌는지 이해하고, 이러한 평면 삼각형을 이용하여, 나만의 지오데식 돔을 만들어 보도록 한다. 지오데식 돔을 만드는 방법으로, 프랙털 삼각형을 연결하거나 종이 삼각형을 연결, 삼각뿔 모양을 연결하여 다양한 방법으로 스스로 지오데식 돔을 설계하고 만들어 보게 한다. 이를 통해 학생들은 특정 분야에서 발견한 원리(사실)가 수학, 예술, 과학 여러 분야에 영향을 줄 수 있음을 깨닫고, 통합적으로 사고하려는 태도를 가질 수 있다. 또한 하나의 원리를 추측하고, 실험하며 어떠한 규칙이 있는지 탐구해 보는 가운데 과학적 사고력, 창의적 문제해결력과 수학적 추론 능력이 함양될 수 있다.

우리 주변 건축물의 원리가 예술적 구조물일 뿐만 아니라, 수학·과학적 원리로 이루어져 있음을 본 활동을 통해 스스로 경험하고, 주변 사물에 대한 관찰력과 이해력을 높이는 태도를 함양할 수 있다.

	차시	주요 활동 내용
활동내용	1	◈ 돔 형태 건축물(구조물)의 규칙 찾기 • 최소의 재료로 만든 최대의 건축물인 돔의 구조, 사례 알아보기 • 돔을 만들 수 있는 적합한 평면 도형(삼각형, 사각형, 오각형, 육각형 등) 찾기
	2~3 (연속 차시)	◈ 종이 삼각형으로 나만의 지오데식 돔 만들기 • 돔 구조의 사례를 예술, 건축, 과학 분야에서 찾아보고, 삼각형 모양으로 만든 돔 살펴보기 • 삼각형 프랙털 모양의 지오데식 돔 살펴보기 ◈ 지오데식 돔이 가지는 장점과 미적 예술성 등 발견하기 • 지오데식 돔의 구조물이 지닌 장점, 편리성과 미적 예술성이 잘 적용된 건축물 사례 살펴보기
준비물		종이 삼각형 조각 30개, 셀로판테이프, 풀, 사인펜, 색연필 등

✎ 융합적 요소 및 교육과정 연계성

융합적 요소	학습 목표	교육과정
M 수학		
수학적 관찰력	• 석굴암, 국회의사당 돔 지붕과 같이 주변에 볼 수 있는 돔 구조물에 대한 관찰을 통해 수학·과학적 탐구를 통해 지오데식 돔에 숨겨진 다양한 규칙을 찾을 수 있다.	**3-1. 평면도형** 삼각형을 알 수 있어요. **4-1. 규칙 찾기** 새로운 무늬를 만들 수 있어요.
수학적 추론 의사소통능력	• 실제로 돔 구조물을 제작해 봄으로써 도형, 원, 구와 같은 수학적 요소가 건축물과 어떻게 연관을 맺고 있는지를 추론할 수 있다. • 여러 가지 평면 도형 중 삼각형 모양이 외부에서 힘을 가하더라도 변형이 쉽게 일어나지 않는 장점으로 인해, 사각형, 오각형, 육각형 모양과 달리 지오데식 돔의 기본 구조를 모둠원과의 토의를 통해 알아낼 수 있다.	**6-1. 여러 가지 입체도형** **원주율과 원의 넓이**

<table>
<tr><th>융합적 요소</th><th>학습 목표</th><th>교육과정</th></tr>
<tr><td colspan="3">A 예술</td></tr>
<tr><td>창의적 표현, 시각적 탐구력</td><td rowspan="2">• 사각형, 오각형, 육각형 모양과 달리, 지오데식 돔의 기본 구조가 되는 기본 모양을 시각적으로 탐구할 수 있다.
• 삼각형 도형 조각을 이용하여 실제로 지오데식 돔을 만들면서 우리 주변 건축물에 대한 관심과 돔의 시각적 주시성 등을 생각하며 주변과 어울리게 미적으로 표현할 수 있다.</td><td rowspan="2">4학년. 미술
「디자인과 생활」 무늬 꾸미기

5, 6학년. 미술
「시각 문화 환경과 미술」</td></tr>
<tr><td>미적 표현능력</td></tr>
<tr><td colspan="3">S 과학</td></tr>
<tr><td>과학적 탐구력</td><td>• 지오데식 돔은 1895년 미국의 건축가, 리처드 버크민스터 풀러라는 사람에 의해 제안된 구조로, 재료가 적세 들고, 외부와 닿는 넓이가 작아 냉난방에 유리한 장점을 살린 구조물에서 시작되었다. 이런 필요성을 학생들이 과학적 관점에서 탐구할 수 있다.</td><td rowspan="2">4-2. 열 전달과 우리 생활
열 전달을 막을 수 있는 방법 찾기</td></tr>
<tr><td>과학적 관찰력</td><td>• 우리 주변의 석굴암 천상, 전시회장, 극장, 온실 등과 같은 건축물의 천장 구조를 돔과 관련하여 과학적으로 관찰할 수 있다.
• 주변 건축물의 사진이나 영상을 통해 구조물의 공통점과 돔 구조의 장점을 발견할 수 있다.</td></tr>
</table>

✎ 지도상의 유의점

- 돔의 구조에는 여러 가지가 있음을 알고, 다양한 구조물과 건축물을 살펴보고, 비교하는 시간을 충분히 주도록 한다. 그 중 지오데식 돔이 가지는 장점과 편리성을 학생 스스로 다양한 재료를 이용해 완성해 보는 단계를 경험하도록 한다. 프랙털 삼각형, 종이, 사각형, 오각형, 육각형 모양도 스스로 지오데식 돔으로 완성 여부를 확인하도록 다양한 체험 기회를 주고 탐구하게 한다.
- 중·고등 단계의 지오데식 돔 제작은 크기가 크고, 스스로 구성 도형을 수치화하여 제작하나, 초등학생인 점을 고려하여 지오데식 돔의 기본 제작을 위한 삼각형 모양은 제공하도록 한다.

✎ 교수·학습 과정안(1차시)

활동명	동그란 지붕에 숨겨진 비밀을 찾아라!
활동주제	돔 구조물 천장의 특징 찾기
학습목표	• 우리 주변 건축물 중 돔 형태 구조물의 규칙을 찾을 수 있다. • 돔 구조물의 장점을 알 수 있다.
준비물	돔 구조물의 다양한 자료(사진, 그림, 영상), 삼각형, 사각형, 오각형, 육각형 등의 조각
수업흐름	**교수학습 활동 내용 및 수업의 전개**
도입	◈ 준비 활동 • 돔으로 생긴 과학관의 외형 사진, 전시장 천장의 구조, 석굴암 등의 건축물 사진, 그림을 살펴본다. ◈ 문제 상황 제시 • 돔 구조물의 천장과 일반 천장 지붕이 가지는 차이점 발견하기 • 돔 구조로 천장을 지은 이유 생각해 보기
체험	◈ 돔 구조물의 특징 찾기 • 최소의 재료로 최대의 건축물을 만들기 위한 지오데식 돔 구조물 알아보기 • 지오데식 돔 구조물의 역사와 실제 적용된 건축물 사례 살펴보기 • 지오데식 돔 제작을 위한 도형 구조에 대해 예상해 보기 • 정다각형 형태가 아닌 원을 바닥으로 하는 구조물의 특징 생각해 보기 ◈ 돔을 만들 수 있는 적합한 평면 도형(삼각형, 사각형, 오각형, 육각형 등)찾기 • 지오데식 돔을 만들기 위한 적합한 도형 찾기 • 삼각형, 사각형, 오각형, 육각형 조각을 이용하여 기본 돔 구조물의 설계 원리에 따라 제작해 보기 • 가장 적합한 도형(삼각형)을 찾고, 적합한 이유 설명하기 • 프랙털 삼각형 모양으로 지오데식 돔 만들어보기 (3~4명 모둠 활동)
마무리	◈ 정리 및 적용 • 돔 구조물의 편리성과 장점 이야기하기 • 지오데식 돔의 특징과 주변 사례를 찾아 발표하기 ◈ 차시 연계 • 지오데식 돔이 실제로 어떻게 적용되는지에 대해 알고 종이 삼각형을 이용하여 만들어 보기

✎ 교수·학습 과정안(2~3차시)

활동명	삼각형으로 꾸며진 아름다운 지붕
활동주제	종이 삼각형 조각을 이용하여 지오데식 돔 만들기
학습목표	• 지오데식 돔이 가지는 원과 구의 성질을 찾을 수 있다. • 다양한 재료를 활용하여 나만의 지오데식 돔을 만들 수 있다.
준비물	종이 삼각형 조각 30개, 셀로판네이프, 풀, 사인펜, 색연필 등
수업절차	교수학습 활동 내용 및 수업의 전개
도입	◈ 준비활동 • 프랙털 삼각형으로 만든 지오데식 돔 모둠별로 비교하여 보기 • 만든 모양, 만든 구조를 스스로 살펴보고, 지오데식 돔 설계하기 ◈ 문제 상황 제시 • 달걀이 쉽게 깨어지지 않듯 둥근 모양은 압력에 강한데 이러한 여러 가지 사물과 건축물의 구조를 생각하며, 지오데식 돔을 만들어 보기
체험	◈ 나만의 건축물, 지오데식 돔 만들기 • 최소의 재료로 최대의 건축물인 '지오데식 돔'은 외부와 닿는 넓이가 작아 열전달을 막기 쉬운 과학적 원리를 가지고 있음을 발견하기 • 종이 삼각형 모양을 일정하게 배열하여 지오데식 돔을 완성하는 설계도 그려보기 • 삼각형을 연결하여 지오데식 돔을 만들고, 아름답게 꾸미기 • 완성된 지오데식 돔을 안과 밖에서 힘을 가해 내구성을 스스로 비교해 보기 * 종이 삼각형 조각 30개, 셀로판테이프, 풀, 사인펜, 색연필 등을 이용하여 스스로 시행착오를 거쳐 지오데식 돔을 만들도록 한다.
마무리	◈ 정리 및 적용 • 지오데식 돔의 실제 활용과 실제 건축물과 비교하며 지오데식 돔의 원리 이해하기 • 자신의 만든 지오데식 돔을 보며 돔의 원리 발표하기

삼각형으로 꾸며진 아름다운 지붕

활동 1 동그란 지붕에 숨겨진 비밀을 찾아라!

1. 돔 구조물을 만들기 위해 어떤 도형이 필요할지 생각해 봅시다.

아래 그림 안에 어떤 다각형 도형을 넣어야 할지, 한 가지 모양 도형으로 채워 넣어 그려 봅시다.

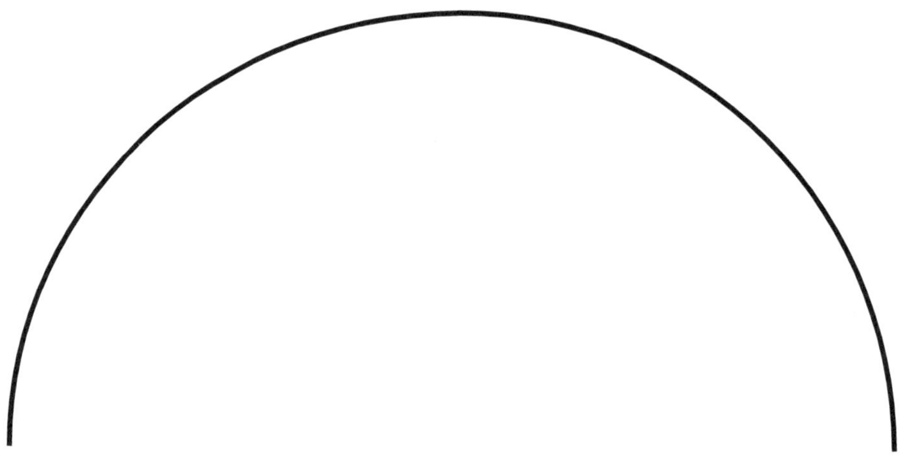

활동 2 아름다운 지붕 만들기

2. 다음의 도형을 이용하여 실제로 나만의 지오데식 돔을 만들어 봅시다.
(준비물 : 종이 삼각형 조각 30개, 셀로판테이프, 풀, 사인펜, 색연필)

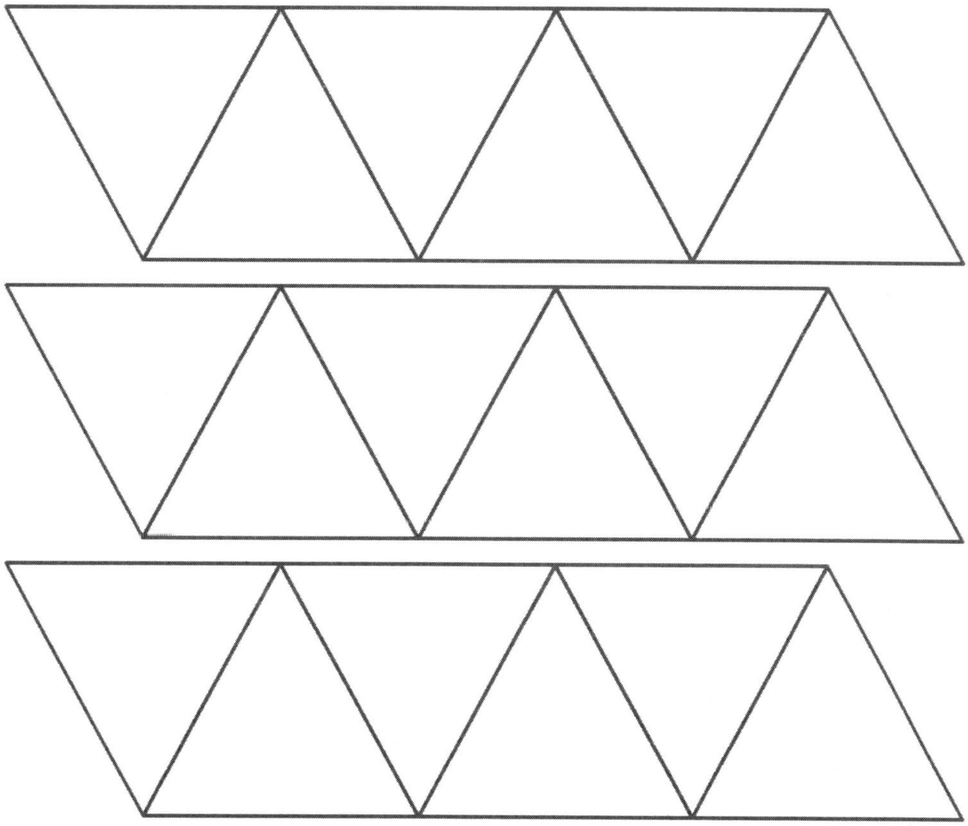

교사용 참고 자료

※ 지오데식 돔의 특징

지오데식이라 불릴 수 있는 최초의 돔은 세계 1차대전 후에 독일의 Carl Zeiss 광학회사의 엔지니어였던 발더 바우어스펠트(Walther Bauersfeld)에 의해 고안되어 플래너테리움(별자리 관찰 천문관)을 짓는데 적용되었다. 이 돔은 특허출원되었고, 1926년 7월, 독일 제나시에 있는 칼자이스 공장 지붕에 건축되어 일반인들에게 공개되었다.

- 돔의 구조적 특성상 건축 공학적으로 매우 안정되고 튼튼한 구조이다.
- 미관상으로 둥근 원을 기본으로 하기 때문에 안정되어 보인다.
- 전체 구조물이 일체형으로 되어 있으므로 지진 등에도 매우 강하다.
- 일반 직각구조의 건물과 달리 구형돔의 실내 공기순환은 자연스러운 곡선에 의해 매우 원활하게 이루어져 실내 공간에서의 에너지 배분이 매우 효율적이므로 당연히 에너지 효율이 높다.
- 중간 기둥 없는 공간을 원하는 곳(전시관, 테마카페, 식당, 체육관, 집회장소)에 매우 적당하다.

(출처 : http://www.seoulhousing.co.kr/technote7/board.php?board=tnshophtml&command=body&no=7)

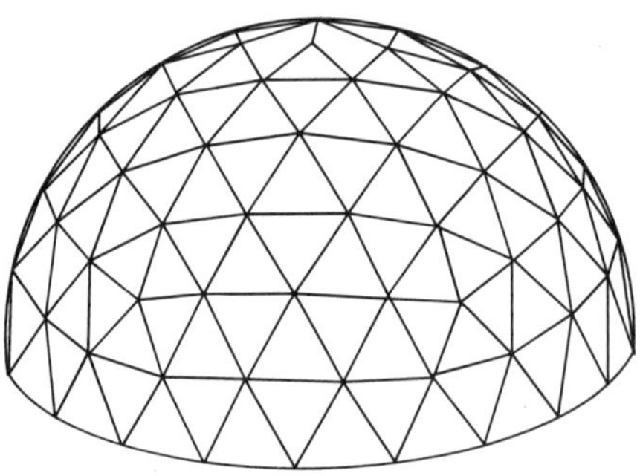

지오데식 돔(Geodesic domes)

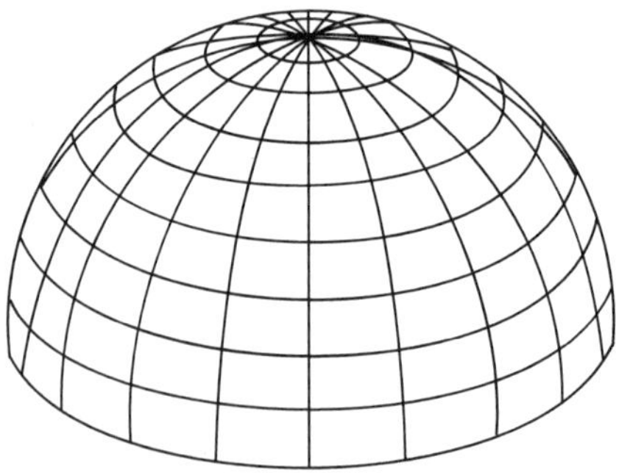

일반 돔(Non-geodesic Dome)

※ 세계 건축물의 돔(Geodesic domes) 종이 구조물 자료(동기유발이나 활동 보충자료 활용 가능)

(출처: http://cp.c-ij.com/en/contents/3154/florence-cathedral/index.html)

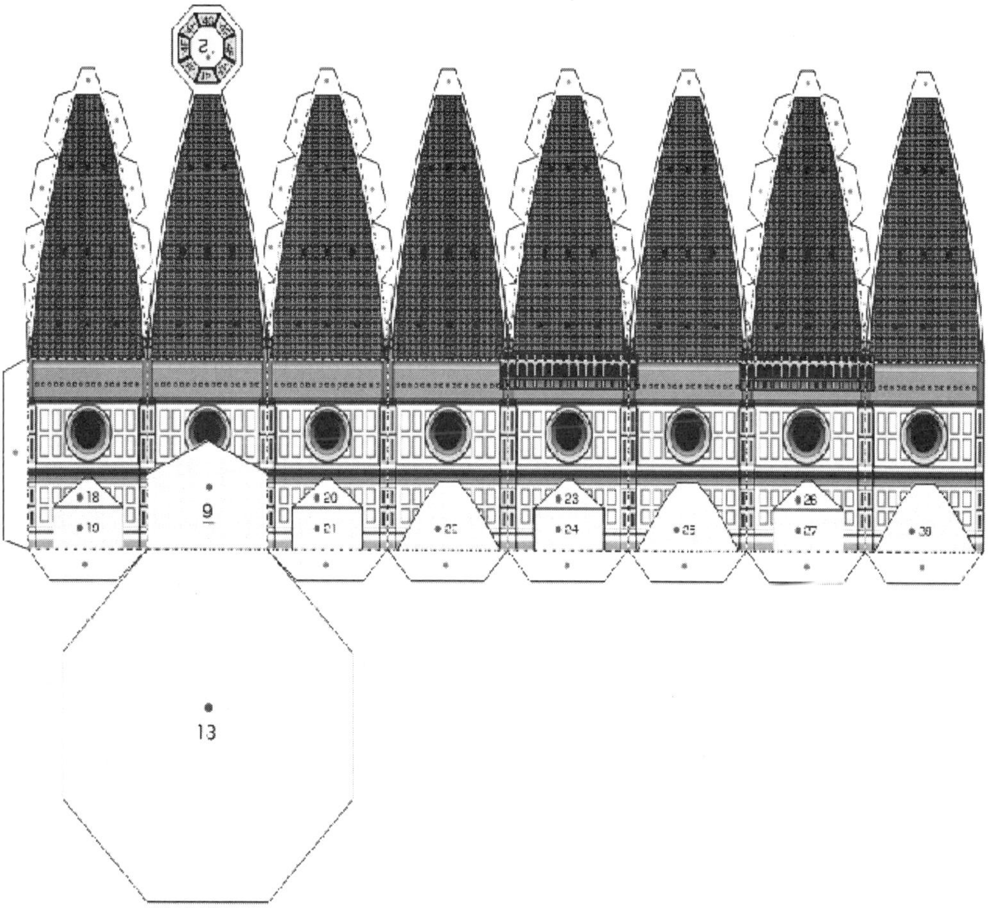

B6 재활용 악기로 실천하는 환경사랑

✎ 활동 개요

본 활동은 환경오염을 예방하기 위해 재활용의 중요성을 인식하고, 생활 속의 재활용품으로 과학 원리를 이용하여 악기를 만들어보는 활동, 서로 다른 음높이를 연주할 수 있는 가락악기를 만들기 위해 길이에 대한 수학적 개념도 탐구해보는 활동, 만든 악기를 연주하는 활동 등으로 구성하였다.

고학년에서는 악기를 제작한 후에 직접 만든 악기로 연주하는 활동을 할 때 환경 문제에 대한 이야기를 담은 스토리텔링 음악극을 연출 및 발표하는 활동으로도 확장할 수 있을 것이다.

첫 번째 활동에서는 우리 주변의 환경오염의 실태를 동영상으로 시청하여 환경 문제에 대한 인식을 새롭게 자각하고 모둠별로 재활용품을 활용한 악기 만들기를 구상하고 재료를 얻을 수 있는 경로를 생활 속에서 찾아보는 일을 계획하도록 하였다.

두 번째 활동에서는 준비해온 악기 제작에 필요한 재료를 가지고 만들어 보는 과정에서 발성체의 길고 짧음, 굵고 가는 것에 따른 음높이의 차이 원리를 탐구해 보도록 할 것이다.

본 프로그램을 체험하면서 학생은 직접 재활용 악기를 제작하고 이를 연주하는 과정을 통해 환경문제에 대해 보다 깊이 있는 자각이 가능할 것으로 기대된다.

<table>
<tr><th rowspan="3">활동내용</th><th>차시</th><th>주요 활동 내용</th></tr>
<tr><td>1</td><td>◈ 재활용 악기 설계하기
• 우리 주변 환경오염 실태 동영상 시청하기
• 환경 보전 실천을 위한 재활용 악기 재료 제작 설계하기</td></tr>
<tr><td>2</td><td>◈ 재활용 악기 만들어 팀별로 연주하기
• 1차시에 설계한 재활용 악기 재료로 모둠별 타악기 1종, 가락악기 1종을 설계하기
• 가락악기 제작 시 발성체와 음높이의 상관관계 추론하기
• 미술적 감각을 발휘하여 악기 꾸미기
• 재활용 악기로 모둠별로 환경노래 만들어 연주하기</td></tr>
<tr><td colspan="2">준비물</td><td>악기 재료로 사용할 1회용 접시, 빨대, 캔, 페트병, 빈병, 통조림, 고무줄, 구슬 등 재활용품과 풀, 가위, 색종이, 크레파스 등 꾸미기 재료</td></tr>
</table>

✎ 융합적 요소 및 교육과정 연계성

<table>
<tr><th>융합적 요소</th><th>학습 목표</th><th>교육과정</th></tr>
<tr><td colspan="3">M 수학</td></tr>
<tr><td>문제해결 능력</td><td>• 실생활에서 정비례와 반비례 관계의 예를 찾고, 이와 관련된 간단한 문제를 해결할 수 있다.
• 환경 문제에 대한 인식을 새롭게 자각하고 모둠별로 재활용품을 활용한 악기 만들기를 구상하고, 재료를 얻을 수 있는 경로를 생활 속에서 찾아볼 수 있다.</td><td rowspan="3">3/4-3. 측정
- 양의 크기를 비교하고, 시간, 길이, 들이, 무게, 각도를 알고 측정할 수 있다.

5/6-라-3. 정비례와 반비례
실생활에서 정비례와 반비례 관계의 예를 찾고, 이와 관련된 간단한 문제를 해결할 수 있다.</td></tr>
<tr><td>수학적 추론</td><td>• 양의 크기를 비교하고, 시간, 길이, 들이, 무게, 각도를 알고 측정할 수 있다.</td></tr>
<tr><td>의사소통 능력</td><td>• 문제를 해결하기 위해 모둠원들과 토의하며 문제해결 방법을 친구들에게 발표할 수 있다.</td></tr>
</table>

융합적 요소	학습 목표	교육과정
A 예술(음악)		
창의적 표현능력	• 상황이나 이야기를 여러 가지 소리로 표현할 수 있다.	**3/4-1-3.** **창의적으로 음악 만들어 표현하기**
음악의 생활화	• 자연이나 주변의 소리를 탐색하여 목소리, 물체, 악기, 그림, 기호 등으로 묘사하거나 표현할 수 있다. • 바른 자세와 주법으로 악기를 연주할 수 있다. • 다른 사람이 연주하는 음악을 바른 태도로 감상할 수 있다.	**3/4-1-1.** **바른 자세로 표현하기** **3/4-3-2.** **음악을 즐기는 태도 갖기**
S 과학		
문제해결 능력	• 환경오염을 예방하기 위해 재활용의 중요성을 인식하고, 생활 속의 재활용품으로 과학 원리를 이용하여 악기를 만들 수 있다.	**5/6-11-다, 라. 생물과 환경** - 생태계를 구성하는 요소 사이의 상호 작용, 생태계의 평형 등을 이해하고, 환경오염에 따른 생태계 파괴에 대하여 알아보고, 환경 개발과 보전 사이의 균형과 조화가 필요함을 인식하게 한다.
현상에 대한 관심	• 환경오염의 원인을 알고 환경오염으로 인한 생태계 파괴 사례를 이해하며, 인간생활이 생태계에 미치는 영향을 알 수 있다. • 생태계 보전의 필요성과 생태계 보전을 위한 인간의 노력을 알 수 있다.	
과학적 탐구 능력	• 모둠별로 재활용품을 활용한 악기 만들기를 구상하고 재료를 얻을 수 있는 경로를 생활 속에서 찾아보는 일을 계획할 수 있다.	

✎ 지도상의 유의점

• 생활 속의 재활용품을 재료로 하는 악기를 제작하기 위해서 학생들 스스로 타악기와 가락악기에 필요한 다양한 재료를 탐색하도록 하고, 악기 만들기를 위해 또 다른 일회용품의 낭비가 일어나지 않도록 지도한다.

✎ 교수·학습 과정안(1차시)

활동명	생활 속 재활용품으로 악기의 재료를 찾아라!
활동주제	재활용 악기 설계하기
학습목표	• 우리 주변 환경오염 실태를 인식할 수 있다. • 환경 보전 실천을 위한 재활용 재료를 이용해 악기를 제작 설계할 수 있다.
준비물	환경오염 관련 동영상, 종이, 색연필 등 악기 설계 스케치 필기도구
수업절차	교수학습 활동 내용 및 수업의 전개
도입	◈ 준비 활동 • 지식채널 e(플라스틱 아일랜드) 감상 http://home.ebs.co.kr/jisike/replayDayView?courseId=BP0APB0000000009&stepId=01BP0APB0000000009&lectId=3034138 • 영상과 우리 생활 속에 나타난 환경오염의 예를 찾아서 발표하기
전개	◈ 문제 상황 제시와 토론 문제 상황 : 환경오염 방지를 위해 어떤 노력을 해야 하는가? • 환경오염 방지를 위한 노력 아이디어 나누기 • 생활 속에서 환경오염을 방지할 수 있는 재활용 아이디어 나누기 • 재활용품의 재료들을 종류별로 분류해보기 • 재활용품으로 만들 수 있는 제품들 이야기하기 ◈ 환경 보전 실천을 위한 재활용 재료로 악기 제작 설계 • 모둠별로 만들고자 하는 악기를 구상하기 • 악기 재료가 될 수 있는 재활용품에 무엇이 있는지 아이디어 나누기 • 타악기와 가락악기를 만들기 위한 설계 실시하기
정리	◈ 정리 및 적용 • 만들고자 하는 악기와 사용되는 재활용 재료에 대해 발표하기 • 다른 모둠의 악기 설계와 비교하기 • 피드백을 주고받으며 악기 제작 아이디어를 구체화·정교화 하기 ◈ 차시 연계 • 다양한 재활용품이 실제로 어떻게 악기 재료로 적용될 수 있는지 알고 있는 사실 발표해 보기

✎ 교수·학습 과정안(2차시)

활동명	재활용 악기로 실천하는 환경사랑
활동주제	재활용 악기 만들어 팀별로 연주하기
학습목표	• 발성체(소리내는 물체)의 길이에 따른 음높이의 상관관계를 이해할 수 있다. • 재활용품을 이용하여 음색, 음높이, 디자인, 환경 보전 측면을 모두 고려한 악기를 만들 수 있다. • 제작한 악기로 자연 환경 보전에 관한 음악을 창의적으로 연주할 수 있다.
준비물	1차시에 만든 악기 설계안, 악기 재료로 사용할 1회용 접시, 빨대, 캔, 페트병, 빈병, 통조림, 고무줄, 구슬 등 다양한 재활용품과 풀, 가위, 색종이, 크레파스 등 기본 꾸미기 재료
수업절차	교수학습 활동 내용 및 수업의 전개
도입	◈ 1차시에 탐구한 재활용 악기 재료를 준비한다. • 모둠별 타악기 1종, 가락악기 1종을 설계안을 확정한다. ◈ 준비활동 • 자신들의 악기에 쓰이는 재활용 재료들이 실생활에서 어떻게 재사용될 수 있는지 적용된 사례에 대해 알고 있는 점 발표하기 ◈ 문제 상황 제시 • 만들고자 하는 악기와 준비한 재료가 적합한지 생각해보기
전개	◈ 가락악기 만들기 • 가락악기 제작 시 발성체와 음높이의 상관관계를 추론하기 • 다양한 재료로 악기 만들기 • 팬 플루트 : 같은 지름의 펜의 몸통을 길이를 달리하여 연결하여 음높이의 변화를 갖는 팬 플루트를 만듦 ◈ 타악기 만들기 • 악기 재료의 질감, 두께에 따른 음색의 차이점을 느끼기 • Rain maker : 빈 캔 또는 페트병에 서로 다른 두께의 구슬(또는 콩, 조)을 채우고 입구를 막아 비오는 소리 효과를 내는 악기 • Drum(Gong) : 나무젓가락 등으로 스탠드를 세워 1회용 접시를 매달아 제작 • 탬버린 : 종이접시 두 개를 마주 붙이고 가장자리 원에 일정간격으로 방울을 달아 만들기 • 미술적 감각을 발휘하여 악기 꾸미기

	◈ 재활용 악기로 모둠별로 환경노래 만들어 연주하기 • 가사를 만들고 재활용 악기로 반주를 붙여 창의적으로 연주 발표하기 • 타인의 연주를 바른 태도로 감상하고 악기와 연주에 대해 상호 비평하기
정리	◈ 정리 및 적용 • 재활용품을 재료로 하여 악기를 만들고, 이를 가지고 실제로 환경보전을 주제로 연주하는 과정에서 새롭게 알게 된 점이나 느낀 점 발표하기 ◈ 차시 연계 • 환경 보전 음악극을 진행한다면 어떤 재활용 악기들이 추가될 수 있는지 예상해 보기

재활용 악기로 실천하는 환경사랑

활동 1 미션! 생활 속 재활용품으로 악기 재료를 찾아라

▣ 환경 오염 관련 동영상 시청

1. 우리의 환경 오염의 원인에 미치는 영향에 대해 친구들과 의논하여 봅시다.

[우리 주변에서 볼 수 있는 환경 오염 예를 들어보기]

[왜 이렇게 오염이 되는 것일까? 무엇 때문일까? 우리들이 생활 속에서 실천할 수 있는 것은 무엇일까? 아이디어를 나누어 보자.]

▣ 환경 보전 실천을 위한 재활용 악기 재료 제작 설계

1. 악기의 재료로 사용할 재활용품 아이디어 나누기

재료 생각하기
① 재활용품의 재료들을 종류별로 분류해보기 ② 재활용품으로 만들 수 있는 악기들 이야기하기 ③ 타악기와 가락악기를 만들기 위한 설계 실시하기

2. 여러 가지 재료의 특징을 살펴보고, 어떤 재료가 어떤 악기에 사용되면 좋은지 악기의 특징(타악기, 관악기, 현악기)과 관련지어 이야기해 봅시다.

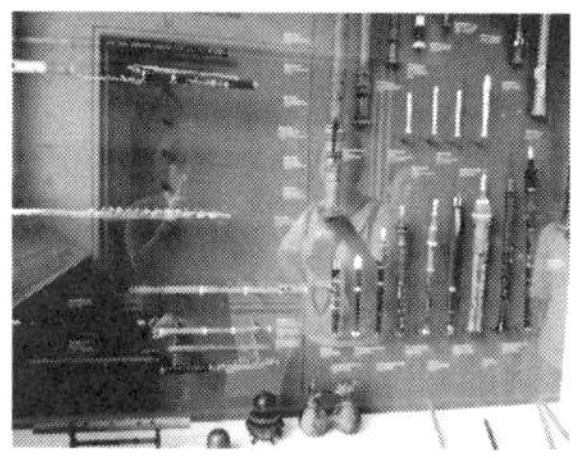

▣ 악기의 원리 탐구(음높이)

1. 음높이가 다른 소리들을 낼 수 있는 악기를 만들기 위해서, 음높이와 발성체의 관계를 탐구하여 봅시다.

악기 설계

① 펜의 몸통(관)을 사용한 관악기
② 고무줄로 만드는 현악기
③ 1회용 은박 접시로 만든 다양한 사이즈의 공(Gong)
④ 빈 통에 구슬, 플라스틱 조각 등을 넣어 만든 타악기
▸ 각각 발성체(소리내는 물체)의 길이, 굵기, 크기를 다르게 했을 때 음높이는 어떻게 달라지는가 예상해 봅시다.

2. 우리가 설계한 악기를 만들기 위해 필요한 재료를 적어보고 발표해봅시다.

만들 악기 종류 :

필요한 재료 :

3. 다른 모둠의 악기 설계 발표를 듣고 서로의 의견에 조언을 해봅시다.

활동 2 재활용 악기를 만들고 팀별로 연주해 보자

▣ 발성체와 음높이의 상관관계를 추론하기

1. 발성체와 음높이의 상관관계를 추론하고 자신들의 악기에 쓰이는 재활용 재료들을 이용하여 서로 다른 음높이를 낼 수 있는 악기를 만들기 위해 필요한 방법들을 발표해봅시다.

2. 주어진 재료를 이용하여 어떻게 악기를 만들지 설계도를 그려봅시다.

가락 악기	타악기

3. 직접 악기를 만든 후 환경노래를 만들어 연주해 봅시다.

- 가사를 만들고 재활용 악기로 반주를 붙여 창의적으로 연주 발표하기

[환경 보전에 대한 노래 가사]

[연주 발표 계획]

▣ 만든 노래를 모둠별로 발표하고 서로 감상하기

1. 각각의 모둠이 만든 노래를 서로 감상하고 악기와 연주에 대해 상호 감상하는 시간을 가져 봅시다.

2. "재활용 악기로 실천하는 환경사랑" 활동을 통해서 새롭게 느끼거나 알게 된 점이 있으면 적어 봅시다.

MAS 수업 이렇게 활동했어요

1차시	활동명	생활 속 재활용품으로 악기의 재료를 찾아라!
	활동내용	재활용 악기 설계하여 만들기

활동 자료

Q. 폐차되는 자동차의 폐 타이어 휠이 어떤 악기로 변신할 수 있을까요?

A. 재활용 문화예술 사회적 기업 노리단의 퍼포먼스에 타악기로 활용된 폐타이어 휠을 살펴봅시다.

"누구나 연주할 수 있다. 무엇이든 악기가 된다. 버려지는 것을 새롭게 살린다. 하고 싶은 일로 세상을 바꾼다." 이것은 버려진 물건으로 악기를 만들어 공연하는 에코 뮤직 퍼포먼스 사회적 기업 노리단의 캐치프레이즈이다. 사람·자연·공간을 새롭게 살리는 '에코 오케스트라' 자료 화면을 제시해주며, 학생들이 생활 속에서 구할 수 있는 재활용품을 재료로 하여 악기 제작을 계획하도록 안내한다. (참조 : 노리단 홈페이지 www.noridan.org)

학생 사례

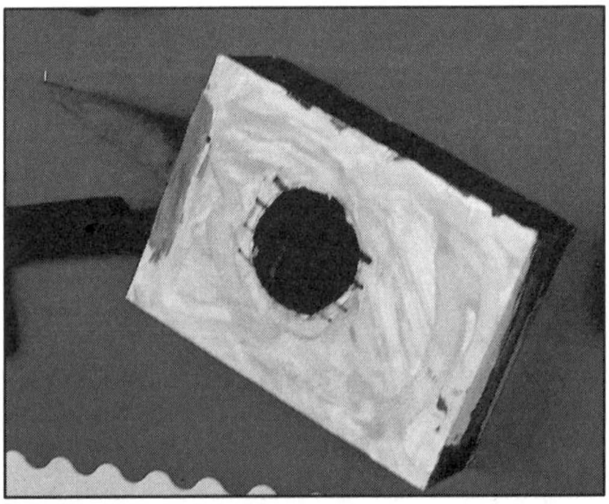

종이 상자와 고무줄을 이용한 기타

빈 통조림과 뚜껑으로 만든 드럼 세트

교사 Tip

1. 학생들에게 우리 주변의 환경오염의 실태를 동영상으로 보여주도록 한다.
2. 학생들에게 재활용품을 활용한 악기 만들기를 구상하고, 재료를 얻을 수 있는 경로를 생활 속에서 찾아보는 일을 계획하도록 안내한다.
3. 직접 재활용 악기를 제작하고 이를 연주하는 과정을 통해 환경문제에 대해 더 깊이 있는 자각을 하도록 지도한다.

융합인재교육 STEAM

Part C

초등학교 고학년(5~6학년) 수학 · 예술 · 과학 융합 수업

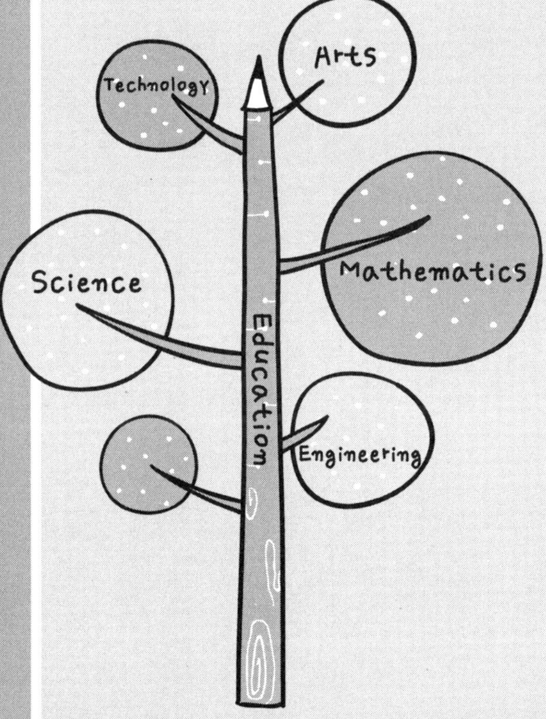

C1 나는야 건축가

✎ 활동 개요

본 활동은 우리 주변에서 볼 수 있는 여러 건축물 속에 숨겨진 수학·과학·예술적 원리를 찾아보고 이를 안정적인 건축물을 만드는 데 활용하여 견고한 구조를 가진 건축물을 만드는 활동으로 구성되어 있다. 그래서 첫 번째 활동에서는 여러 건축물들의 사례를 탐구하면서, 건축물의 구조, 실용성, 심미성의 측면에서 건축물의 특징과 구조 원리를 이해한다. 두 번째 활동에서는 견고한 구조의 한 예인 아치구조를 탐색하고, 이를 직접 만들어 봄으로 인해 아치구조의 안정성을 직접 확인하는 것을 경험하게 된다. 마지막으로 앞서 학습한 건축물의 구조를 활용하여 안정성과 심미성을 모두 만족할 수 있는 구조물을 주어진 재료와 조건 내에서 창의적으로 만들어 보는 활동을 하게 된다. 이를 통해 학생들은 여러 사례를 관찰하고 탐구하는 과정을 통해 수학적 추론 능력과 과학적 탐구능력을 기르게 될 것이고, 새로운 건축물을 만드는 활동을 통해 창의적 문제해결력과 의사소통능력, 통합적 사고능력을 키우게 되며, 목적에 맞는 건축물을 아름답게 구성하는 창의적 표현 능력도 길러질 것이다.

	차시	주요 활동 내용
활동 내용	1	◈ 건축물 구조 이해하기 ① • 여러 건축물에 대한 사례를 통해 건축물이 갖춘 안정성, 주변 환경과의 조화, 실용성의 측면에서 보이는 특징 논의하기 • 건축 구조에 이용되는 도형의 특징 탐구하기
	2	◈ 건축물 구조 이해하기 ② • 아치교들의 사례를 통해 아치 모양을 활용하여 다리를 구성한 이유를 논의하기한 후, 아치 모형을 직접 제작하여 아치 구조의 원리 탐구하기
	3	◈ 안정적인 건축물 만들기 • 여러 건축물들을 통해 알게 된 안정적인 구조를 바탕으로 주어진 재료를 이용하여 쓸모에 맞는 안전한 건축물 만들어 보기
준비물		여러 건축물의 사례, 아치 모형의 전개도, 가위, 스카치테이프, 이쑤시개, 스티로폼 공(지름 3cm), 두꺼운 책 여러 권

✎ 융합적 요소 및 교육과정 연계성

<table>
<tr><th>융합적 요소</th><th>학습 목표</th><th>교육과정</th></tr>
<tr><td colspan="3">M 수학</td></tr>
<tr><td>수학적
추론능력</td><td>• 여러 가지 건축물에서 관찰되는 도형을 보고, 건축물에 이용되는 도형의 특징을 추론할 수 있다.</td><td rowspan="3">3-1-3. 평면도형
- 각과 직각 알기
- 직각삼각형, 직사각형, 정사각형 알기

4-1-4. 삼각형
- 여러 가지 삼각형의 성질 알기

4-2-4. 사각형과 다각형
- 여러 가지 사각형의 정의 및 성질 알기

5-2-3. 도형의 대칭
- 여러 가지 대칭을 이해하기</td></tr>
<tr><td>개념 및
원리의 이해</td><td>• 여러 가지 도형(삼각형, 사각형, 원)의 성질 및 삼각형의 결정 조건을 이용하여 건축 구조의 원리를 이해할 수 있다.</td></tr>
<tr><td>문제해결
능력
의사소통
능력</td><td>• 여러 가지 도형의 성질 및 대칭의 성질을 이용하여 제한된 재료만을 이용하여 목적에 맞는 건축물을 만들 수 있다.
• 문제를 해결하기 위해 모둠원들과 토의하며 문제해결 방법을 친구들에게 발표할 수 있다.</td></tr>
<tr><td colspan="3">A 예술</td></tr>
<tr><td>미적 감수성</td><td rowspan="3">• 주변 환경과의 어울림과 아름다움을 고려하여 목적에 맞는 건축물을 창의적으로 만들 수 있다.</td><td rowspan="3">5/6-3. 시각 문화 환경과 미술
- 미술은 우리 곁에 있어요
- 생활과 공간(주변 환경과 어울리는 건축물 만들기)</td></tr>
<tr><td>표현 능력</td></tr>
<tr><td>창의적 표현</td></tr>
<tr><td colspan="3">S 과학</td></tr>
<tr><td>기본 개념
이해</td><td>• 힘의 분산의 원리를 바탕으로 삼각형이 안정적인 구조인 이유를 이해할 수 있다.
• 무게의 의미를 알고, 아치모형 위에 올려놓은 물건의 무게를 정확하게 측정하고 비교할 수 있다.</td><td rowspan="2">4-1-1. 무게 재기
- 무게의 의미 알기
- 여러 가지 도구를 이용하여 무게 재기

6-2-3. 에너지와 도구
- 지레, 도르래의 원리 알기</td></tr>
<tr><td>과학적 탐구
능력</td><td>• 무거운 무게를 견딜 수 있는 아치모형을 만들기 위한 실험을 계획하고, 무게를 직접 측정한 결과를 바탕으로 견고한 아치모형을 완성할 수 있다.</td></tr>
</table>

✎ 지도상의 유의점

- 아치 구조 모형에서 받침대와 연결되는 아치 구조 모형이 움직이지 않아야 많은 무게를 지탱할 수 있으므로, 접착력이 강한 것을 활용하여 두 개를 연결하도록 한다.
- 아치 구조를 만든 후 개별적으로 가져갈 경우, 움직이지 않도록 테이프로 고정하는 것이 좋다.
- 조노돔 시스템이 없는 경우 이쑤시개와 마시멜로를 이용하여 건축물 만들기를 적용할 수 있다.

✎ 교수·학습 과정안(1~2차시)

활동명	Let's Go! 건축물의 세계로
활동주제	건축물의 구조 이해하기
학습목표	• 건축 구조에 이용되는 도형의 특징을 탐구하여 건축 구조의 원리를 이해할 수 있다. • 아치 모형을 제작하여 아치 구조의 원리를 이해할 수 있다.
준비물	여러 건축물의 사례, 아치 모형의 전개도, 가위, 스카치테이프, 할핀, 도화지, 두꺼운 책 여러 권
수업흐름	교수학습 활동 내용 및 수업의 전개
도입	◈ 준비 활동 • EBS 원더풀 사이언스 : [21세기 피사의 사탑, 베일을 벗다] 동영상 감상 • 동영상 감상 후 건축물에 대해 달라진 생각 발표하기 ◈ 문제 상황 제시 • 미래의 건축가가 되기 위한 건축 세계에 입문해 보기 • 내가 알고 있는 세계의 유명한 건축물에 대해 발표하기 • 건축물을 설계하기 위해 고려해야 할 점에 대해 이야기하기
전개	◈ 여러 가지 건축 사례 탐구 • 여러 가지 건축물의 사진 감상하기 • 여러 가지 건축 구조에서 이용되는 모양 찾기 • 왜 그러한 모양이 건축 구조에 이용되는지 논의하기

	◈ 건축 구조의 원리 탐구 ① : 건축 구조에 이용되는 도형의 특징 탐구하기 • 종이띠를 할핀으로 연결하여 삼각형, 사각형, 오각형을 만들고, 각각의 도형의 특징을 탐구하기 • 건축 구조에 이용되는 도형의 특징에 대해 탐구한 내용 정리하여 발표하기 ◈ 건축 구조의 원리 탐구 ② : 아치 구조의 원리 이해하기 • 아치 구조가 다리뿐 아니라 여러 건축물에 이용되는 이유에 대해 논의하기 • 아치 모형 전개도를 이용하여 아치 모형 만들기 • 아치 모형이 얼마만큼의 무게를 견디는지 실험하고, 아치 구조의 원리 탐구하기
정리	◈ 정리 및 적용 • 건축 구조의 원리가 일상생활에서 적용되는 예에 대해 발표하기 ◈ 차시 연계 • 내가 미래의 건축가라면 어떤 건축물을 설계하고 싶은지에 대해서 발표하기

✎ 교수·학습 과정안(3차시)

활동명	나는 꼬마 건축가
활동주제	안정적인 건축물 만들기
학습목표	• 건축물의 안정적인 구조를 활용하여, 견고하고 심미적인 건축물을 만들 수 있다.
준비물	조노돔 시스템
수업절차	**교수학습 활동 내용 및 수업의 전개**
도입	◈ 준비활동 • 건축물의 안정적인 구조 확인하기 - 지난 시간에 본 여러 가지 사례와 아치교의 원리를 바탕으로 건축물이 안정적인 구조가 되기 위해 건축물의 세부구조가 어떤 모양으로 구성되어 있고, 어떠한 수학·과학적 원리가 내재되어 있는지를 확인하기 ◈ 문제 상황 제시 • 건축가가 되어서 건축물을 만들고자 할 때 고려해야 하는 요소가 무엇인지에 대해 이야기 나누기 • 건축가가 되어서 안정적인 구조물 만들기

진개	◈ 안정적인 건축물 만들기 • 안정적인 건축물의 구조를 주변 환경과 어울릴 수 있도록 만들기(모둠활동) - 주어진 재료(조노돔 시스템)를 이용하여 아래의 조건에 맞는 건축물을 만들기 위해 어떤 구조와 원리를 활용할 것인지에 대해 논의하기 〈심미적인 조건을 고려하여 무거운 하중을 견딜 수 있는 다리 설계하기〉 - 논의한 내용을 바탕으로 건축물 설계도 그려보기 - 설계한 도면과 같이 주어진 재료를 이용하여 건축물 만들어보기 ◈ 만든 건축물의 안정성 확인하기 • 모둠별로 만든 건축물이 어떤 구조로 만들어졌는지 발표하기 • 각각의 모둠이 만든 건축물 중 어떤 구조로 만든 것이 무거운 하중을 견디는지 확인하기 • 안정적인 건축물의 모양을 실제 설계하기 위해 고려되어야 하는 요소 논의하기
정리	◈ 정리 및 적용 • 건축물에 활용된 수학·과학적 원리에 대해 정리하고, 새롭게 알게 된 점이나 흥미로웠던 점에 대해 이야기 나누기

나는야 건축가

활동 1 Let's go 건축물의 세계로!

▣ 여러 가지 건축물 살펴보기

1. 여러 가지 건축물에서 어떤 모양을 찾았나요? 왜 그러한 모양이 건축물에 있을지 친구들과 의논하여 봅시다.

[여러 가지 건축물에서 찾은 모양]

[왜 이런 모양이 건축물에 있을까?]

▣ 건축 구조의 원리 탐구 ①

1. 여러 가지 도형을 직접 만들어 보고, 각각의 도형의 특징을 탐구하여 봅시다.

여러 가지 도형 만들기

① 종이띠의 양쪽 가장자리를 펀치로 구멍을 낸다.
② 종이띠 3개를 할 핀으로 연결하여 삼각형을 만든다.
③ 종이띠 4개를 할 핀으로 연결하여 사각형을 만든다.
④ 종이띠 5개를 할 핀으로 연결하여 오각형을 만든다.
※ 여러 가지 도형을 움직여 보면서 각각의 도형의 특징을 살펴본다.

2. 여러 가지 도형의 특징을 살펴보고, 어떤 도형이 건축 구조에 이용되기에 적합한지 도형의 특징과 관련지어 설명해 봅시다.

▣ 건축 구조의 원리 탐구 ②

1. 아치 모형을 직접 만들어 보고, 아치 모형의 특징을 탐구하여 봅시다.

아치 모형 만들기

① 아치 모형 전개도를 연결하여 사각기둥 5개를 완성한다.
② 아치 모형 조각 2개를 받침대 그림에 맞추어 양면테이프를 이용하여 고정시킨다.
③ 나머지 아치 모형 조각 3개를 조각끼리 서로 연결되도록 놓아서 아치 모형을 완성시킨다.
※ 완성된 아치 모형이 얼마만큼의 힘을 견딜 수 있을지 예상해 봅시다.

2. 완성된 아치 모형이 얼마만큼의 무게를 견딜 수 있을지 실험해 봅시다.

아치 모형을 이용하여 실험하기

① 아치 모형 위에 책을 한권씩 올려놓는다.
② 아치 모형이 무너질 때까지 계속 올려놓고, 그 무게가 얼마가 되는지 확인해 본다.
※ 아치 모형이 이러한 무게를 견딜 수 있는 이유가 무엇인지 생각해 봅시다.

3. 아치 모형이 무거운 무게를 견딜 수 있는 이유에 대해 친구들과 논의해 봅시다.

활동 2 나는 꼬마 건축가

▣ 안정적인 건축물 만들기

1. 아름다움과 견고함을 생각하여 다리를 설계하기 위해서는 어떤 것들을 생각해야 하는지 친구들과 의논해 봅시다.

2. 주어진 재료를 이용하여 어떻게 다리를 만들지 설계도를 그려봅시다.

3. 직접 다리를 만든 후 어떤 목적을 가지고, 어떤 원리와 구조를 이용하였는지 간략하게 설명해 봅시다.

[다리 이름]

[다리에 대한 설명]

▣ 만든 건축물의 안정성 확인하기

1. 각각의 모둠이 만든 건축물 중 어떤 구조로 만든 것이 무거운 하중을 견디는지 확인해 봅시다.

2. "꼬마 건축가" 되어보기 활동을 통해서 새롭게 느끼거나 알게 된 점이 있으면 적어 봅시다.

MAS 수업 이렇게 활동했어요

1~2차시	활동명	Let's go 건축물의 세계로
	활동내용	여러 가지 건축물 살펴보기

활동 자료

에펠탑

석굴암

하버브릿지

청운교, 백운교

학생 사례

[여러 가지 건축물에서 찾은 모양]

아치 모양

[왜 이런 모양이 건축물에 있을까?]

예술적으로, 기능적으로, 다 좋고 위에 건물이 높게 올라 가더라도 무게를 지탱하기 쉽다.

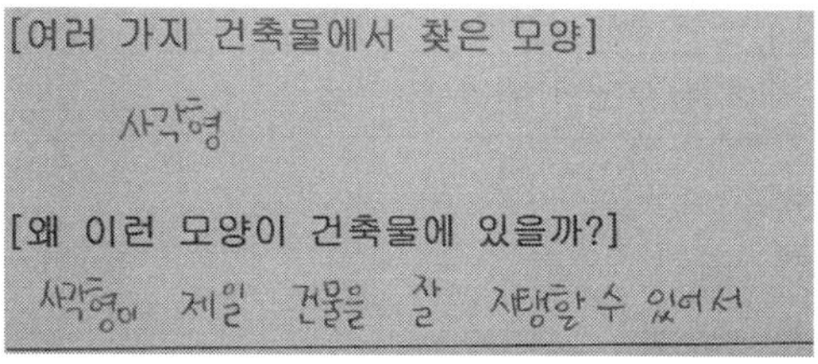
[여러 가지 건축물에서 찾은 모양]
사각형
[왜 이런 모양이 건축물에 있을까?]
사각형이 제일 건물을 잘 지탱할 수 있어서

교사 Tip

1. 학생들에게 삼각형이나 아치 모양이 잘 드러나는 여러 가지 건축물을 사례로 보여 주도록 한다.
2. 학생들에게 건축물에서 찾은 여러 가지 모양(삼각형, 사각형, X 모양, 아치 모양 등)이 건축물에 이용된 까닭을 자유롭게 생각해 보도록 하고, 학생들이 생각한 내용이 맞는지 확인하는 과정으로서 다음 활동(건축 구조의 원리 탐구)을 안내하도록 한다.

1~2차시	활동명	Let's go 건축물의 세계로
	활동내용	건축 구조의 원리 탐구 ①

활동 자료 – 종이띠와 할핀을 이용하여 여러 가지 도형 만들기

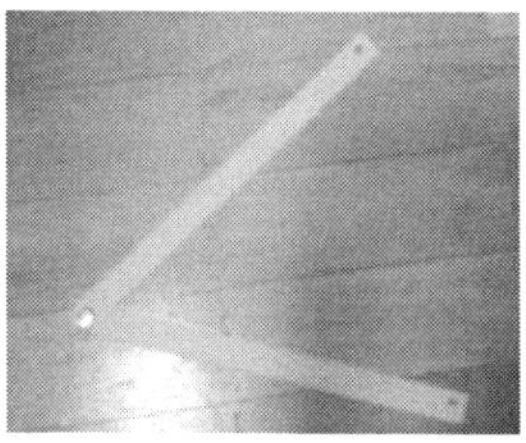
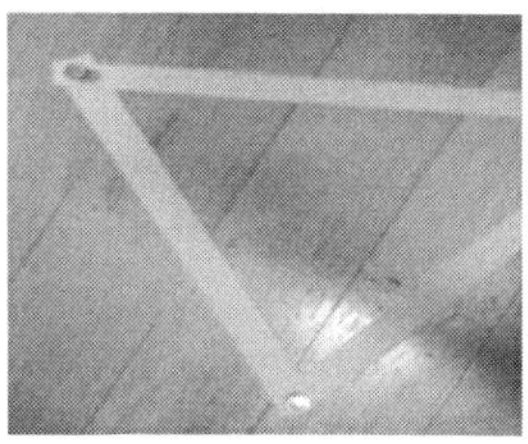
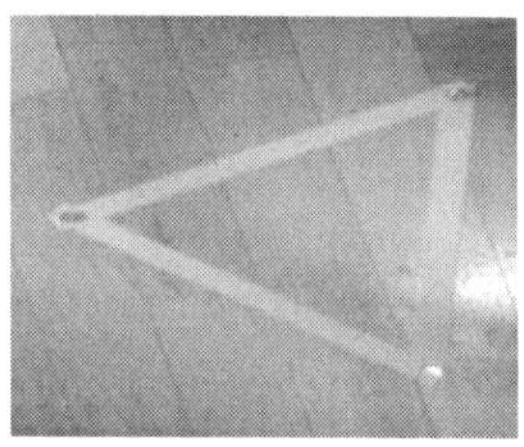

교사 Tip

1. 모둠별로 삼각형, 사각형, 오각형, 육각형 등 여러 가지 도형을 만들어 보고, 움직여 보아도 형태가 변하지 않은 도형은 무엇인지 살펴보면서 건축 구조에 이용되기에 적합한 도형을 찾아보도록 안내한다.
2. 사각형, 육각형 등의 도형이 안정적인 형태가 되기 위해서는 어떻게 하면 되는지 생각해보도록 하여 삼각형을 이용하여 안정적인 구조가 될 수 있음을 경험할 수 있도록 한다.

1~2차시	활동명	Let's go 건축물의 세계로
	활동내용	건축 구조의 원리 탐구 ②

활동 자료 – 아치모형 만들기

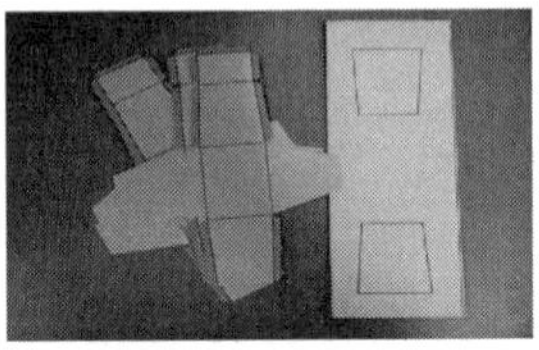

① 전개도 5장과 받침대 1개를 준비한다.

② 전개도를 선을 따라 안쪽으로 접는다.

③ 전개도를 스카치테이프를 이용하여 연결한다.

④ 같은 방법으로 5개의 아치 모형조각을 완성한다.

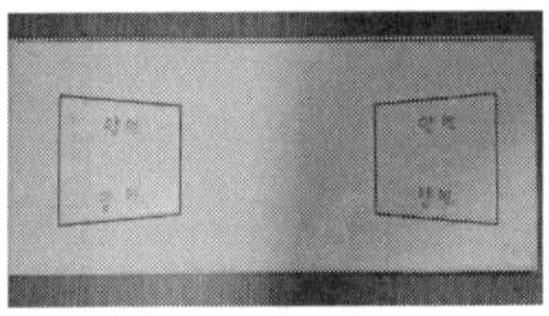

⑤ 받침대에 그려진 그림 위에 양면테이프를 붙인다.

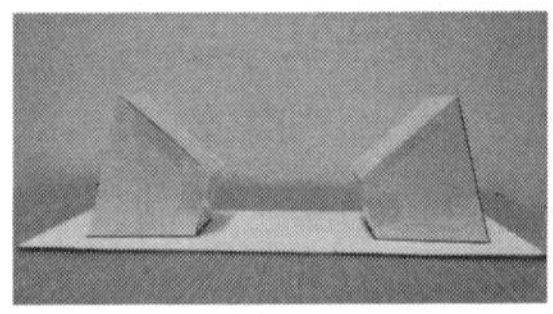

⑥ 아치 모형조각 2개를 받침대 그림에 맞추어 고정시킨다.

⑦ 나머지 3개의 아치 모형조각을 아래에서 위로 차례대로 올려놓는다.

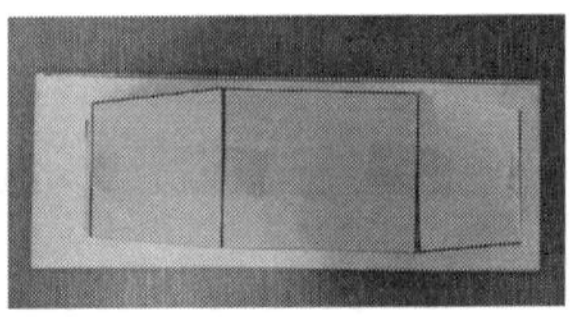

⑧ 스카치테이프를 이용하여 아치 모형조각을 서로 연결하여 움직이지 않도록 고정시킨다.

학생 사례

교사 Tip	1. 단단한 아치 모형을 만들기 위해서는 각각의 조각을 만들거나 5개의 조각을 연결할 때 테이프로 꼼꼼하게 붙이는 것이 좋다. 2. 아치 모형 위에 책을 올려놓기 전 아치 모형이 견딜 수 있는 힘이 얼마나 되는지 예측한 후, 모형 위에 올려놓은 책의 무게를 저울을 통해 재어 보면서 확인한다. 그리고 아치 모형이 견디는 무게를 통해 실제 아치 모양의 건축물이 견딜 수 있는 이유를 함께 생각해 보도록 지도한다.

3차시	활동명	나는 꼬마 건축가
	활동내용	안정적인 건축물 만들기

학생 사례 – 조노돔 시스템을 이용하여 다리 만들기

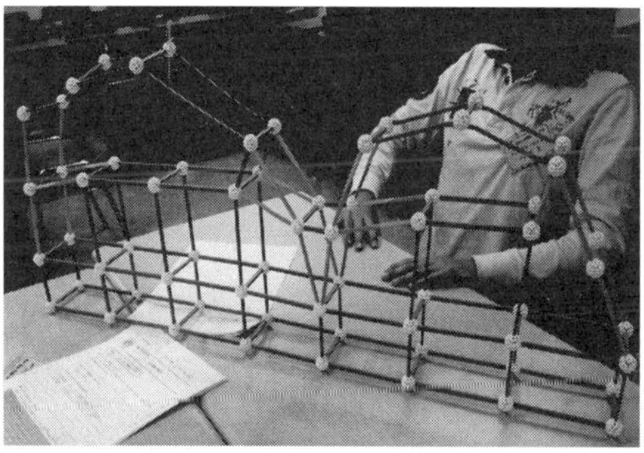
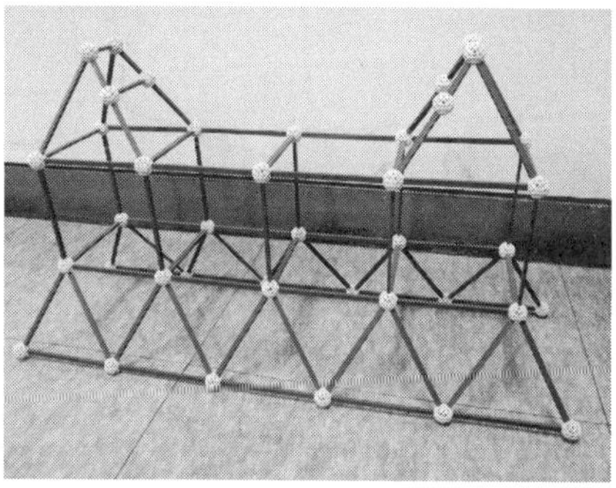

교사 Tip	1. 직접 다리를 만들기 전에 다리의 예술성, 안전성, 목적 등을 고려하여 설계도를 그려 보도록 한다. 2. 다리를 구성할 때 이전 활동을 통해 탐구했던 건축 구조의 원리를 적용하여 만들 수 있도록 안내한다.

교사용 참고 자료

※ 아치모형 전개도

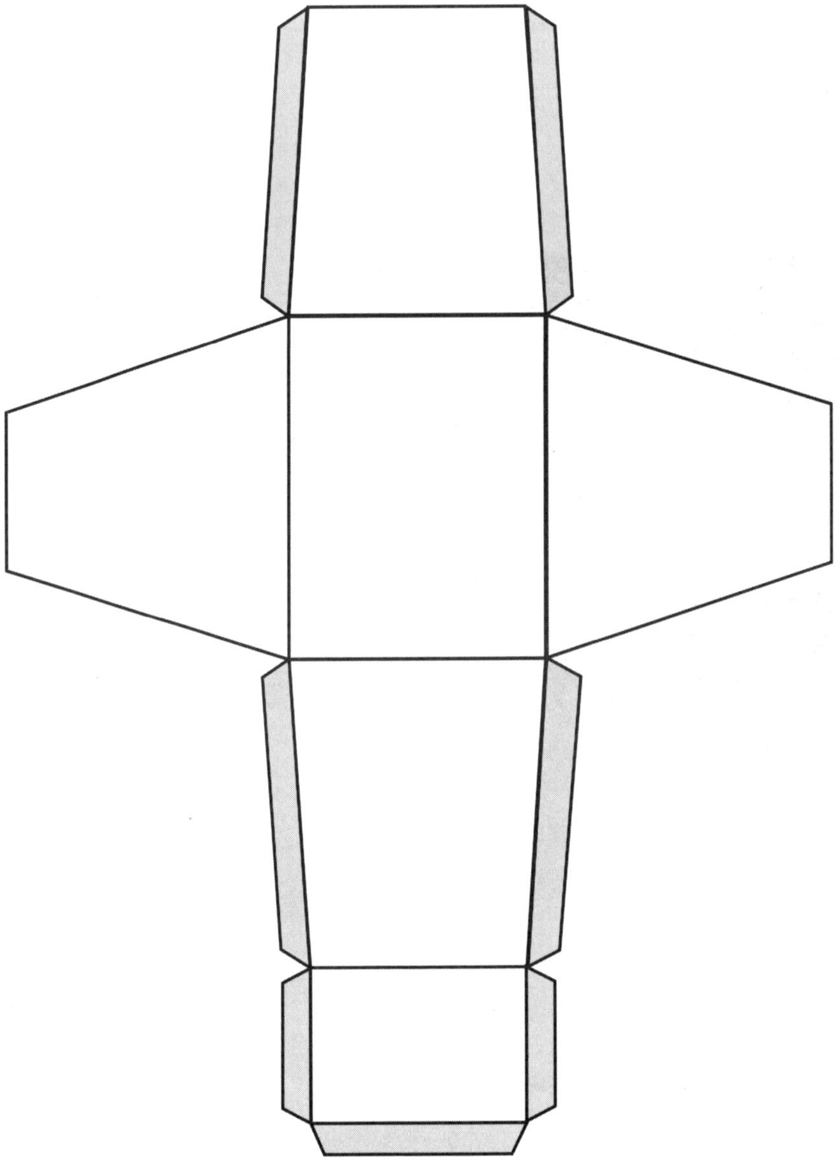

※ 아치모형 받침대 (2세트)

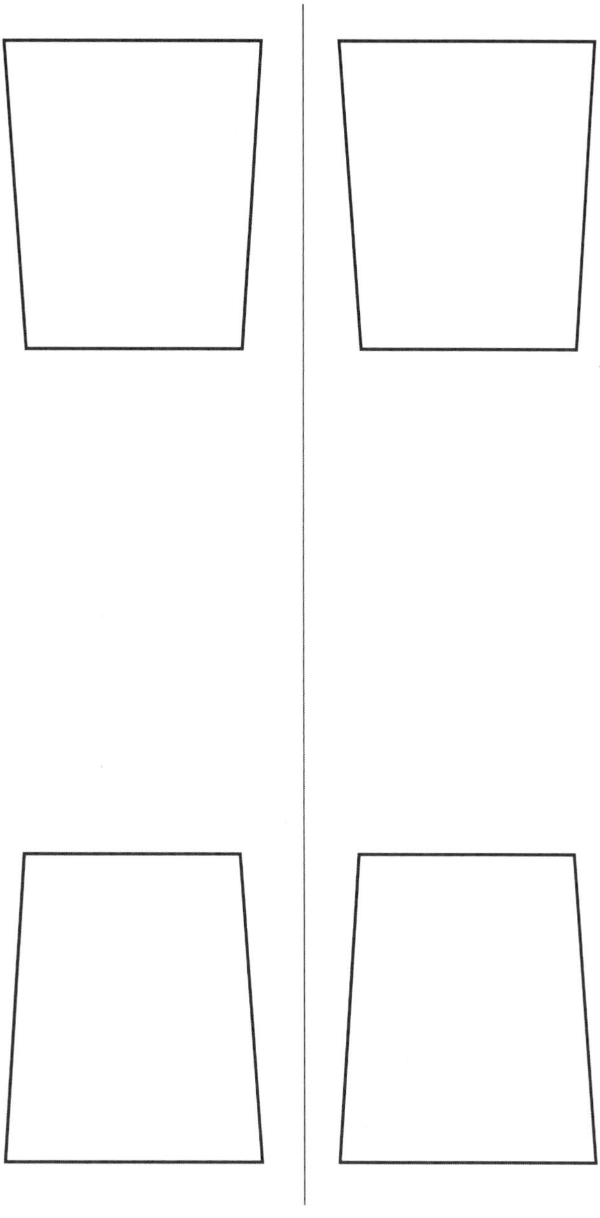

C2 신비한 나노의 세계

✎ 활동 개요

본 활동은 21세기 기술혁명의 열쇠로 각광받고 있는 나노기술이 활용되고 있는 자연과 실생활의 예시를 통해 예술적 접근을 해보는 활동으로 구성되어 있다.

첫 번째 활동에서는 나노와 나노기술에 대한 이해를 바탕으로 나노 크기의 입자가 가지는 특징을 표면적의 크기의 측면에서 알아본다. 그리고 전기적·화학적·자기적 특성에 변함에 따라 달라짐과 탄소 동소체에 대해 이해한다. 두 번째 활동에서는 나노기술에서 일상생활에서 많이 활용되고 있는 예를 찾아보고, 실제 생활에 나노가 활용되고 있는 모습을 광고 기획자가 되어 알리는 활동을 해 본다. 그 후, 탄소 동소체 중 가장 많이 활용되고 있는 플러렌 구조를 직접 만들어 보는 활동을 하게 된다. 이를 통해 학생들은 수학적 추론 능력 및 과학적 탐구능력을 기르게 될 것이고, 구조를 탐구하는 과정 속에서 의사소통능력, 통합적 사고능력 및 미적 감수성을 키우게 될 것이다.

	차시	주요 활동 내용
활동내용	1	• 나노의 개념 및 나노 크기의 입자구조 성질 이해하기 - 빛의 발산과 표면적의 크기의 측면에서 성질 이해하기 - 전기적·화학적·자기적 특성에 따라 크기가 달라지는 특성 이해하기 • 탄소 동소체 알기 - 여러 탄소 동소체 중 가장 널리 알려진 플러렌, 탄소나노튜브, 그래핀의 구조 이해하기
	2~3	• 나노가 우리 생활에 이용되고 있는 예를 여러 사례를 통해 알기 - 생체 모방학(연잎 효과, 전복구조 등)의 측면에서 활용되고 있는 예를 제시하여 이해한 후, 나노 광고기획자가 되어 나노를 알리는 광고 만들기 • 나노 구조 만들기 - 탄소 동소체 중의 하나인 플러렌 구조를 포디프레임을 활용하여 직접 만들기
준비물		A4 종이, 색연필, 스티커, 포디프레임(플러렌)

✎ 융합적 요소 및 교육과정 연계성

융합적 요소	학습 목표	교육과정
M 수학		
수학적 추론능력	• 입체도형을 일정한 크기로 분할함에 따라 표면적의 크기가 어떻게 달라지는지를 추론할 수 있다.	**5-1-6. 직육면체와 정육면체** - 면, 모서리, 꼭짓점 알기
개념 및 원리의 이해	• 입체도형의 면, 모서리, 꼭짓점을 이해할 수 있다.	**6-1-3. 각기둥과 각뿔** - 입체도형의 이해 - 면, 모서리, 꼭짓점의 관계 알기
문제해결 능력 의사소통 능력	• 입체도형의 성질을 이용하여 플러렌 구조를 만들 수 있다. • 문제를 해결하기 위해 모둠원들과 토의하며 문제해결 방법을 친구들에게 발표할 수 있다.	**6-2-3. 직육면체의 겉넓이와 부피** - 직육면체와 정육면체의 겉넓이 알기
A 예술		
미적 감수성 표현 능력 비판적 사고력 창의적 사고력	• 일상생활에서 활용되고 있는 나노 기술을 바탕으로 나노 기술을 알리는 광고 디자인을 꾸밀 수 있다.	**5/6-3. 자연환경과 미술** - 자연환경에서 아름다움 찾아보기
S 과학		
기본 개념 이해	• 나노 기술과 원리 및 특징에 대해 이해할 수 있다. • 탄소 동소체인 플러렌, 탄소나노튜브, 그래핀 구조의 특징을 이해할 수 있다.	**3-1-1. 우리 주위의 물질** - 여러 가지 물질 이해
현상에 대한 관심	• 나노 기술이 일상생활에서 활용되고 있는 예를 알고, 새로운 측면에서 나노기술을 활용할 수 있는 예를 생각해 볼 수 있다.	
과학적 탐구 능력	• 플러렌 구조가 많이 활용되는 이유를 플러렌 구조를 직접 만들어 보면서 탐구할 수 있다.	

✎ 지도상의 유의점

- 조노돔을 활용하여 플러렌과 탄소나노튜브를 만들 때, 조노돔 사용에 대한 충분한 설명이 필요하며, 교사가 사전에 미리 만들어 보도록 한다.
- 과학에서 다루는 전문적인 용어보다는 탄소의 개수 등과 같은 학생들의 수준에서 이해할 수 있는 용어를 사용하여 어려움을 느끼지 않도록 지도한다.
- 나노 기술이 활용되고 있는 실례는 학생들이 충분히 이해할 수 있는 내용을 바탕으로 제시한다.

✎ 교수·학습 과정안(1차시)

활동명	신비한 나노의 세계
활동주제	나노란 무엇일까?
학습목표	• 나노와 나노 기술의 개념을 이해할 수 있다. • 플러렌, 탄소나노튜브, 그래핀의 구조를 이해할 수 있다.
준비물	ppt
수업흐름	교수학습 활동 내용 및 수업의 전개
도입	◈ 준비활동 • 우리 주변에서 찾을 수 있는 가장 작은 물질(물체)은 무엇이 있고, 가장 작은 것의 크기는 얼마나 될지 이야기 나누기 ◈ 문제 상황 제시 • 현재 가장 작은 물질을 잴 수 있는 단위가 무엇이고, 그 크기를 이용한 기술이 우리 생활에 어떤 영향을 줄 수 있는지 생각해 보기
체험	◈ 나노의 개념 이해하기(10) • 나노 정의하기 • 현미경의 발달과정을 이해하고 '파이만씨 농담이 아니었군요'(나노입자의 추정) 시청 ◈ 나노 크기의 입자의 성질 이해하기(20) • 나노 크기의 입자가 원래 크기보다 색깔과 성질, 빛의 발산이 달라짐을 확인하기(동영상) • 나노 입자로 작아질수록 표면적의 크기가 커짐을 확인하기 - 한 변이 1m인 정육면체를 규칙적으로 나눌 때의 표면적의 크기 알아내기

	◈ 탄소 원자 4, 5, 6개를 연결하여 각각 연결하여 나올 수 있는 모양 알아보기(10) • 각각의 원자를 여러 방법을 연결한 방법 중 특정한 구조로 결합을 선택하여 모둠별로 연결해 보기 • 다이아몬드와 흑연의 구조를 이해하기 • 플러렌, 탄소나노튜브, 그래핀 구조 이해하기
마무리	◈ 정리 및 적용 • 탄소나노튜브가 일상생활에서 많이 활용되고 있는 예가 무엇이 있을지 함께 이야기 나누어 보기 ◈ 차시 연계활동 • 탄소 동소체 및 나노의 생활에서 이용되고 있는 예 알기

✎ 교수·학습 과정안(2~3차시)

활동명	신비한 나노의 세계
활동주제	나노의 세계
학습목표	• 나노 기술이 활용되는 이유와 그 예를 이해할 수 있다. • 나노가 우리 생활에 이용되는 예를 광고로 꾸며 설명할 수 있다. • 플러렌 구조를 만들어 그 구조를 이해할 수 있다.
준비물	조노돔
수업절차	교수학습 활동 내용 및 수업의 전개
도입	◈ 준비활동 • 탄소가 우리 생활에 이용되고 있는 예에 대해 이야기 나누기 (탄소 화합물, 탄소 발자국 등) ◈ 문제 상황 제시 • 나노가 일상생활에서 활용되는 예와 나노 기술이 각광받는 이유에 대해 알아보기
체험	◈ 나노 기술이 자연과 생활 속에서 이뤄지고 있는 예를 찾아보기 • 연꽃잎 효과 • 나노 접착제(스파이더맨) • 전복껍데기 • OLED를 이용한 조명기구 등

	◈ 나노가 우리 생활에 이용되고 있는 모습을 광고로 꾸미기 • 실제 광고주가 되어 나노가 일상생활에서 활용되고 있는 모습과 그 가치를 널리 알릴 수 있는 광고 만들기 • 가장 효과적으로 광고를 꾸민 사람 선정하기 ◈ 플러렌 만들기 • 플러렌 만들기 - 오각형을 중심으로 육각형이 연결된 구조임을 확인하고 만들기 - 수학적인 관계 파악하여 탄소 원자의 개수 파악하기 - 플러렌 구조의 장단점, 이용되는 곳 알아보기
마무리	◈ 정리 및 적용 • 나노 기술의 발달이 앞으로 우리 생활에 미칠 긍정적인 또는 부정적인 영향에 대해 이야기 나누기

MAS 수업 이렇게 활동했어요

1차시	활동명	신비한 나노의 세계
	활동내용	나노 크기 입자의 성질 이해하기

활동 자료

학생 사례

① 변의 길이가 1m인 정육면체의 표면적

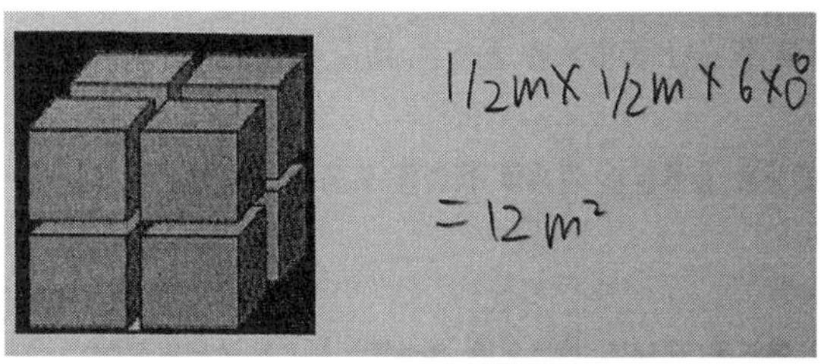

② ①의 정육면체의 가로, 세로, 높이를 각각 2등분 했을 때의 표면적

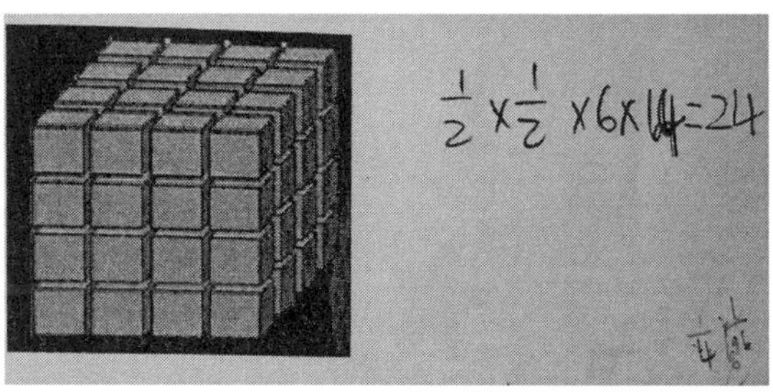

③ ①의 정육면체의 가로, 세로, 높이를 각각 4등분 했을 때의 표면적

교사 Tip

1. 학생들에게 표면에 색칠을 한 정육면체의 매직블록을 주고 빵칼로 가로 세로 높이를 각각 2등분하도록 한다. 잘랐을 때 색이 칠해지지 않은 면이 나타나면 그 면에 다른 색으로 색칠한다. 이 과정을 반복하여 더욱 작게 만들어본다.
2. 학생들에게 위의 단계를 한 번 할 때마다 표면적이 2배씩 증가한다는 점을 알아보도록 하고, 활동지에 각 단계의 표면적을 수학적으로 계산해보도록 한다.

1차시	활동명	신비한 나노의 세계
	활동내용	생활 속의 나노 소개하기

활동 자료 – 생활 속의 나노

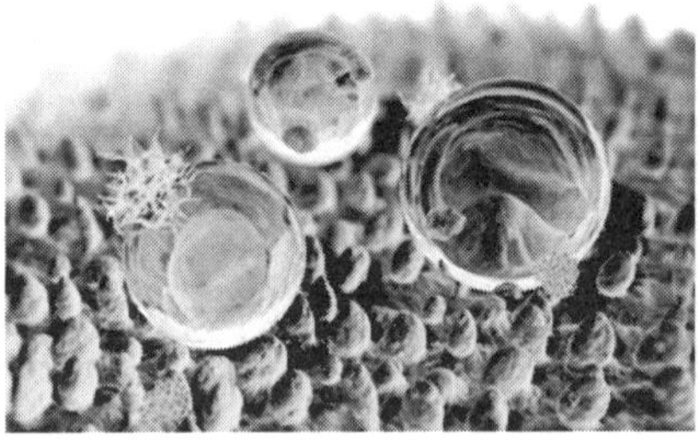

연잎효과를 이용한 옷

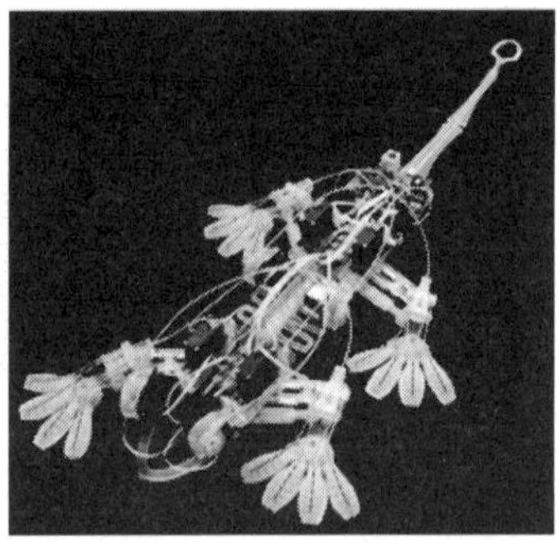

도마뱀붙이의 발을 응용한 스티치 로봇

치료용 나노 로봇

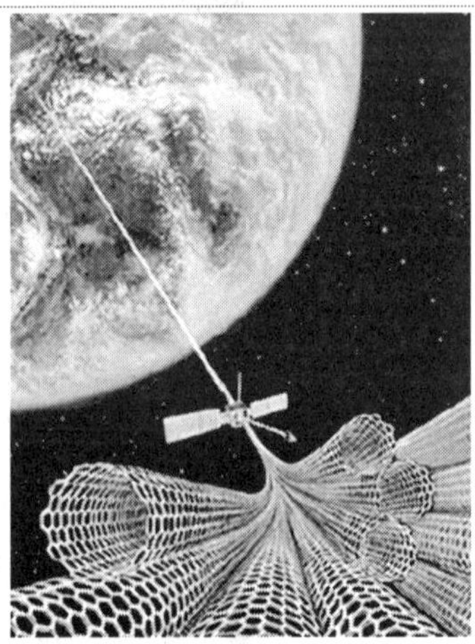

탄소나노튜브를 이용한 우주엘리베이터

학생 사례 – 자신이 발명가나 광고 기획자가 되어 나노 제품을 소개하기

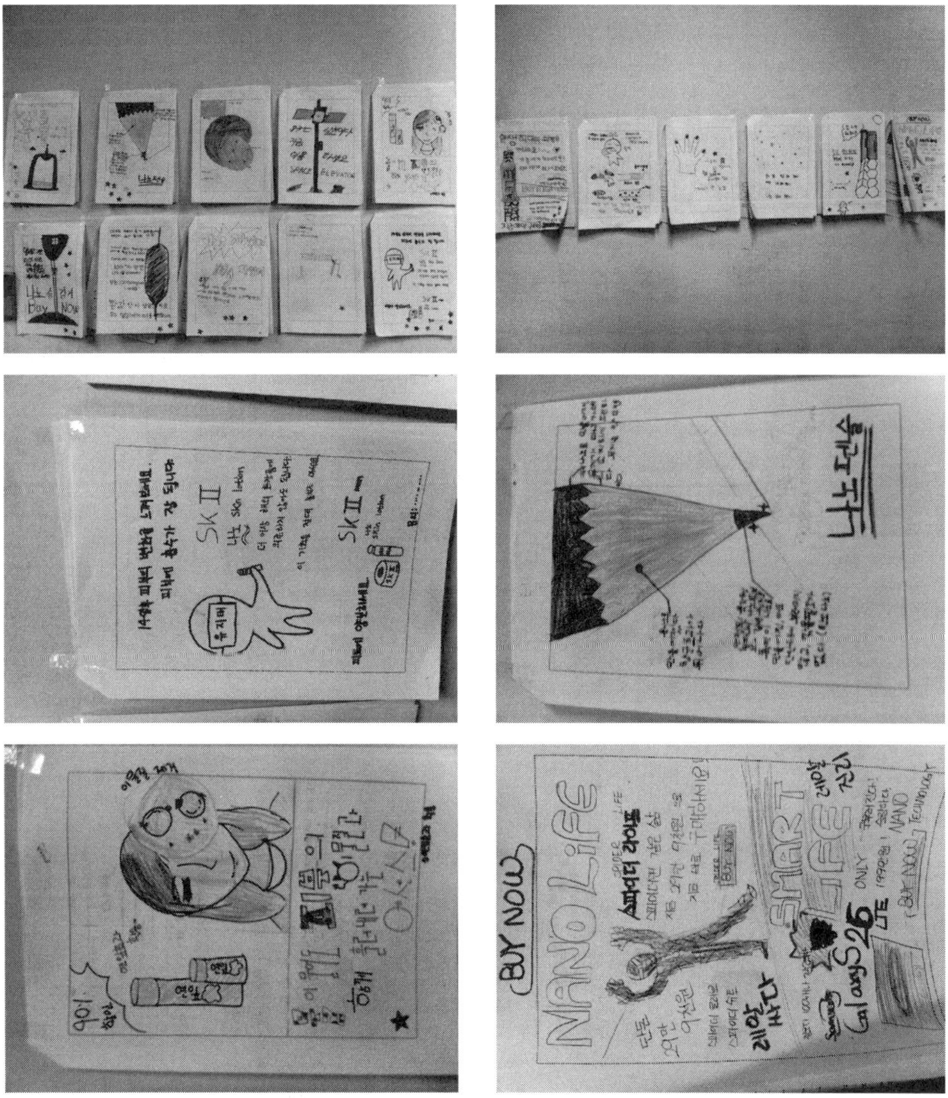

교사 Tip

1. 학생들과 생태모방학에서 나노의 구조와 특징을 활용한 예를 제시 자료를 통해 알아보고, 우리 생활 주변에서 실용화된 나노 제품들을 알아본다.
2. 학생들에게 앞에서 알아본 나노의 특징과 제품에 대한 이해를 바탕으로 자신이 만들고 싶거나 광고하고 싶은 제품을 소개하는 글을 써보도록 한다.

2~3차시	활동명	나노의 세계
	활동내용	플러렌 구조 만들기

활동 자료

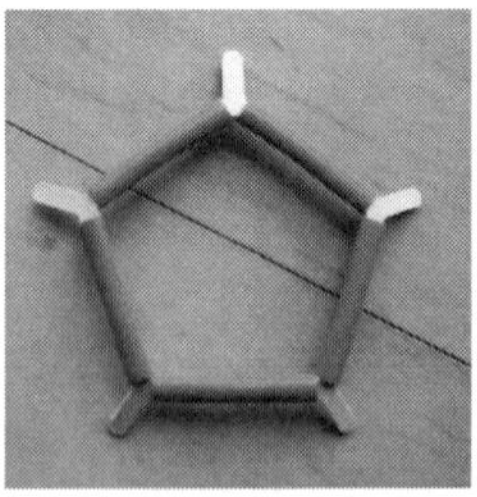

오각형을 만든다.

오각형 남은 발에 흰색을 연결하고 오각형을 만들어 연결한 다음 그 사이를 흰색으로 연결한다.

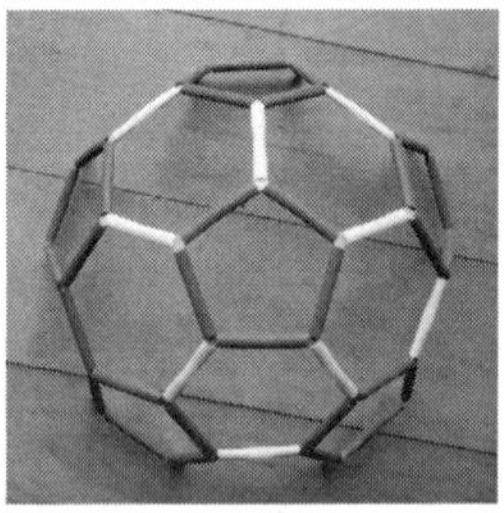

위의 과정과 똑같이 반구를 만들고 한쪽 반구 끝에만 흰색을 연결한다.

두 개의 반구를 연결하여 플러렌 구조를 완성한다.

학생 사례

교사 Tip

1. 학생들에게 막대와 연결부분으로 이루어진 키트를 주고 오각형 12개와 육각형 20개로 이루어진 플러렌 구조를 만들어 보도록 하고 구조의 특징을 파악한다.
2. 시간의 여유가 있을 때는 탄소 동소체인 그래핀과 탄소 나노 튜브 구조도 만들어 보도록 지도한다.

교사용 참고 자료

※ 나노의 크기

나노(nano)란 희랍어로 난쟁이란 뜻인데, 10억분의 1(10^{-9})을 나타내는 접두어이다. 나노의 크기는 나노 뒤에 길이를 나타내는 단위인 미터(m)를 붙이며, 1나노미터(nm)는 10억분의 1미터이다. 물질의 기본단위는 원자이며 그 지름은 대략 1nm 이하이다.

※ 나노 기술을 활용하는 이유

나노세계는 매우 작은 미시의 세계이지만 나노과학과 기술이 중요한 것은 단순히 작은 물질을 다루는 것은 아니라 나노 크기에서 물질을 마음대로 조작하여 지금까지 지구상에 존재하지 않는 다양한 기능의 많은 물질들을 창조해낼 수 있다. 고체의 크기가 나노미터 수준으로 작아지면, 내부구조가 바뀌고 성질변화도 나타나는데, 나노 알갱이로 작아지면 노란색을 띠는 금이 붉은 색을 띠게 되고, 자석이 아닌 니켈이 자석으로 바뀌고, 빛을 내지 못하는 실리콘도 빛을 발산하는 재료를 바뀐다. 크기가 작아지면 표면적이 이에 비례하여 늘어나게 되는데 이것이 나노물질들이 독특한 특성을 나타내는 것이다. 요즘 흔히 볼 수 있는 은 나노 제품들은 이와 같은 현상을 잘 활용한 예이다.

※ 플러렌의 구조 및 활용

1985년에 탄소원자로 구성된 내부지름이 0.71nm인 축구공 모양의 특수한 분자구조(C60)가 발견되었다. 이 축구공 모양의 분자는 탄소 원자 60개가 오각형 모양 12개와 육각형 모양 20개로 이루어진 것으로 이와 비슷한 모양의 돔을 설계한 건축가 풀러(Buckminster Fuller)의 이름을 따서 플러렌(Fullerlene)이라고 이름 지었다. 이 구조를 발견한 업적으로 크로토(Kroto), 스몰리(Smalley), 컬(Curl)은 1996년에 노벨화학상을 받았다.

플러렌은 강하면서도 미끄러운 성질을 가지고 있으며, 다른 원소를 내부에 넣을 수 있는 특성이 있으며 속이 비어 있는 구조적인 특징으로 인해 가볍고 단단하기 때문에 야구에서 사용하는 배트나 골프채, 테니스 라켓을 만드는데 많이 사용되며 태양열을 가둘 수 있는 태양 전지를 만드는데도 활용되고 있다.

※ 자연속 나노 구조의 예

전복껍데기는 트럭이 밟고 지나가도 깨지지 않고 견딜 만큼 강하다. 이는 분필가루처럼 쉽게 부서지는 탄산칼슘($CaCO_3$) 때문인데, 탄산칼슘은 벽돌 역할을 하고 '키틴'이라는 얇은(약 10nm 이하) 단백질이 진흙 역할을 하는데 이것들이 나노크기로 작다. 탄산칼슘과 단백질로 만들어진 나노 복합재료는 파괴저항이 매우 높기 때문에 코팅 기술에 응용이 된다.

연꽃잎 효과는 유리판 위의 구슬처럼 잎을 적시지 못하고 흘러 내려가는 것을 말한다. 이는 연꽃잎이 나노 돌기로 덮여 있어서 초소수성을 띠기에 생기는 현상으로 이를 이용하여 섬유 표면에 나노 보푸라기를 만들어 연꽃잎 효과를 내는 나노텍스(nanotex)의 상품이 개발되었다.

(출처: 나노소재기술개발사업단)

C3 이상한 나라의 앨리스

✎ 활동 개요

본 활동은 동화의 한 장면을 수학·과학·예술적 원리를 이용하여 등장인물을 일정한 크기로 축소·확대하여 그림자 연극으로 구성하여 표현해 보는 것이다.

첫 번째 활동에서는 '이상한 나라의 앨리스' 중 한 장면을 듣고, 등장인물인 앨리스를 정해진 크기로 확대하기 위해 간단한 조작활동을 통해 실제 그려봄으로써 일정한 비율로 확대하는 방법을 이해한다. 또한 길이가 일정하게 늘어남에 따라 면적은 어떻게 달라지는지를 예측하고 조작활동을 통해 확인해 봄으로써 등장인물을 평면에서 확대할 때, 길이 및 크기를 고려하여 표현할 수 있는 방법을 이해한다. 두 번째 활동에서는 그림자 연극을 하기 위해 빛의 성질을 이해하고, 빛, 물체의 거리에 따라 상의 크기가 달라지는 관계를 파악하여 정해진 앨리스의 크기로 그림자 연극을 하게 된다. 이를 통해 학생들은 조작활동과 탐구활동을 경험하고 수학적 추론 능력 및 과학적 탐구능력을 기르게 될 것이다. 그리고 그림자 연극을 위해 준비하는 과정 속에서 창의적 문제해결력과 의사소통 능력, 통합적 사고능력을 키우게 될 것이다.

	차시	주요 활동 내용
활동 내용	1~2	◈ '이상한 나라의 앨리스' 중 '앨리스가 마법에 걸렸어요' 한 장면 이해하기 • 앨리스가 마법에 걸려 키가 커진 상황을 이해하기 ◈ 앨리스 확대하기 1 • 앨리스가 2배로 커진 모형을 예상하고 그려본 후, 그린 방법에 대한 이유 생각하기 ◈ 앨리스 확대하기 2 • 길이가 달라짐에 따라 넓이는 어떻게 변하는지를 예상해 보고, 확인하기
	3	◈ 빛과 그림자의 관계 이해하기 • 빛의 성질과 빛과 물체와 상의 위치 관계 이해하기

		◈ 그림자 연극하기 • 그림자 연극 촬영하여 발표하기
준비물		고무줄 2개, 원본 앨리스 그림, 두꺼운 종이, 손전등, 나무젓가락, 원본과 확대된 앨리스와 다른 친구들

✎ 융합적 요소 및 교육과정 연계성

융합적 요소	학습 목표	교육과정
M 수학		
수학적 추론능력	• 사물을 일정한 크기로 확대하였을 때, 사물의 길이와 넓이가 어떻게 달라지는지를 추론할 수 있다.	**5-2-7. 비와 비율** - 비와 비율 이해 **6-1-7. 비례식** - 비례식 및 비례식의 성질 이해
개념 및 원리의 이해	• 사물을 일정한 크기로 확대하였을 때, 사물의 길이와 넓이가 일정한 관계로 달라짐을 이해할 수 있다.	
문제해결 능력 의사소통 능력	• 일정한 비율로 대상을 확대하여 그림자 연극에 필요한 등장인물들을 만들 수 있다. • 문제를 해결하기 위해 모둠원들과 토의하며 문제해결 방법을 친구들에게 발표할 수 있다.	
A 예술		
미적 감수성 표현 능력	• 그림자 연극에 필요한 사물들을 전체적인 비율에 어울리도록 꾸밀 수 있다.	**5/6-12. 사진과 영상** - 영상의 쓰임과 원리 이해 - 애니메이션 만들기
S 과학		
기본 개념 이해	• 빛의 직진의 성질을 이용하여 그림자가 생기는 까닭을 이해할 수 있다. • 빛과 물체와의 관계에 따라 그림자의 크기와 명암을 파악할 수 있다.	**3-2-4. 빛과 그림자** - 그림자가 생기는 까닭 이해 - 그림자의 크기를 달리하는 방법 이해
과학적 탐구 능력	• 그림자 연극을 위해 빛과 물체와의 관계를 고려하여 그림자가 일정한 크기로 선명하게 나타나는 그림자 연극을 할 수 있다.	

✎ 지도상의 유의점

- 고무줄을 이용하여 확대하는 대상을 표현할 경우, 정확한 방법을 숙지하여 그림으로 표현할 수 있도록 한다.
- 일정한 길이로의 확대하여 넓이와의 관계를 탐구할 때, 모눈종이의 눈금을 세어보는 활동에서 학생들에게 최대한 근접하게 면적을 알아낼 수 있도록 하고, 어떤 방법으로 면적을 구했는지를 발표할 수 있게 지도한다.
- 일정한 크기로 대상을 확대할 때, 교사가 사전에 먼저 실험을 하여 일정한 크기를 정해야 하며, 상에 맺히는 대상이 흐릿하게 나타나지 않는 크기로 제시한다.

✎ 교수·학습 과정안(1~2차시)

활동명	이상한 나라의 앨리스 그림자 연극
활동주제	앨리스 모형 만들기
학습목표	일정한 비율로 확대된 모형을 만들 수 있다. 길이가 늘어남에 따라 넓이는 어떻게 달라지는지를 이해할 수 있다.
준비물	고무줄 2개, 원본 앨리스 그림, 두꺼운 종이
수업흐름	**교수학습 활동 내용 및 수업의 전개**
도입	◈ 준비활동 • '이상한 나라의 앨리스'의 내용 이야기하기 ◈ 문제 상황 제시 • '이상한 나라의 앨리스' 내용 중 한 장면을 그림자 극을 통해 꾸며야 하는 상황 알기
체험	◈ '이상한 나라의 앨리스' 중 '앨리스가 마법에 걸렸어요' 한 장면 이해하기 • 앨리스가 마법에 걸려 키가 커진 상황을 이해하기 • 그림자 극을 위해 만들어야 하는 것을 파악하기(앨리스, 토끼, 동굴 등) ◈ 앨리스 확대하기 1 • 실제 2배로 키가 커진다면 어느 정도가 될지에 대해 예상해 보기 • 앨리스의 키가 2배 커진 것을 모형으로 똑같이 그리기(고무줄 이용하기) • 고무줄 이용하여 2배의 모형을 그릴 수 있는 이유 생각해보기 • 예상한 것과 실제 그린 결과를 비교하기 ◈ 앨리스 확대하기 2 • 앨리스의 몸 크기는 키의 크기가 달라짐에 따라 어떻게 변하는지 예측해 보고, 그림으로 나타내보기 • 앨리스의 몸 크기를 3배로 확대했을 경우, 어떻게 달라지는지 모눈종이 위에 그려보고, 확인하기 • 예상과 실제 확인한 결과가 다른 이유에 대해 생각해보기 ◈ 다른 캐릭터 만들기 • 캐릭터 및 소품들도 함께 2배로 확대된 크기로 구성하기
마무리	◈ 정리 및 적용 • 길이와 넓이가 각각 몇 배로 커질 때, 어떤 규칙이 있는지 정리하기

✎ 교수·학습 과정안(3차시)

활동명	이상한 나라의 앨리스 그림자 연극
활동주제	그림자 연극하기
학습목표	빛과 물체의 상의 거리를 이용하여 그림자 연극을 할 수 있다.
준비물	손전등, 나무젓가락, 원본과 확대된 앨리스와 다른 친구들
수업절차	교수학습 활동 내용 및 수업의 전개
도입	◈ 준비활동 • 그림자 연극을 위해 고려해야 하는 대상이 무엇인지 확인하기 ◈ 문제 상황 제시 • 정해진 크기로 앨리스가 확대할 수 있는 그림자가 보이기 위한 그림자 연극을 준비해야 하는 상황 알기
체험	◈ 빛과 그림자의 관계 이해하기 • 빛과 물체와 상의 위치 관계 파악하기 • 빛과 물체의 관계 속에서 상이 어떻게 달라지는지 간단한 실험을 통해 확인하기 ◈ 그림자 연극하기 • 60cm로 확대된 앨리스의 크기가 나타나기 위해 빛과 상의 위치를 어떻게 조정할 수 있을지에 대해 의논하기 • 실제 빛과 물체, 상의 거리를 조절하여 60cm의 앨리스의 크기가 나타나게 하기 • 그 상황을 동영상으로 촬영하기 • 정해진 웹에 탑재하기 ◈ 그림자 연극 발표하기 • 어떤 방법으로 일정한 크기의 앨리스가 나타나도록 결정한 방법에 대한 이야기를 나누고, 동영상 공유하기
마무리	◈ 정리 및 적용 • '이상한 나라의 앨리스'의 한 장면을 그림자 연극으로 나타낸 소감을 함께 나누기

이상한 나라의 앨리스

활동 1 앨리스 모형 만들기

▣ 앨리스 모형 확대하기 I

1. 앨리스의 모형을 2배로 확대하여 그려봅시다.

확대하여 그리기

① 크기가 비슷한 고무줄 2개를 연결합니다.
② 아래의 앨리스를 올려서 8절 두꺼운 도화지 중앙에 붙입니다.
③ 고무줄을 팽팽하게 한 후, 한쪽 끝을 고정하고 다른 쪽 끝은 연필을 끼웁니다.
④ 앨리스 실제 모형을 고무줄을 연결한 점 아래에 두고, 테두리를 따로 연필로 그림을 그립니다.

2. 자신이 그린 앨리스가 실제 크기의 2배가 되는지 확인하고, 2배가 되는 이유를 생각해 봅시다.

▣ 앨리스 모형 확대하기 Ⅱ

1. 앨리스의 키가 3배로 확대된다면 앨리스의 모형의 키와 너비가 어떻게 달라지는지 생각하며 모눈종이에 나타내 봅시다.

모눈종이에 확대하기

① 앨리스의 모형을 모눈종이 위에 붙인 후, 테두리를 따라 그립니다.
② 앨리스의 모형을 3배로 확대하였을 경우 모형이 어떻게 달라지는지를 직접 그립니다.
③ 앨리스 모형과 확대한 모형의 길이와 넓이를 비교합니다.

2. 원래의 모형과 3배로 확대된 모형의 키와 너비가 어떻게 달라졌는지에 대해 정리해 봅시다.

▣ 그림자 연극을 위한 모형 만들기

1. 그림자 연극을 위해 필요한 모형들을 모두 만들어 준비합니다.

활동 2 그림자 연극하기

▣ 그림자 연극하기

1. 그림자가 생기는 이유를 생각하며 아래의 실험을 해 봅시다.

그림자 실험하기

① 모둠에서 준비한 모형 중 하나를 선택합니다.
② 빛(손전등 또는 LED), 모형, 스크린을 일정거리로 차례대로 둡니다.
③ 빛과 모형의 거리에 따라 스크린에 비춰지는 그림자의 모양이 어떻게 달라지는지를 확인해 봅니다.

2. 그림자 연극을 실제로 해본 후, 소감을 적어 봅시다.

교사용 참고 자료

1. 앨리스 모형 확대하여 그리기 순서

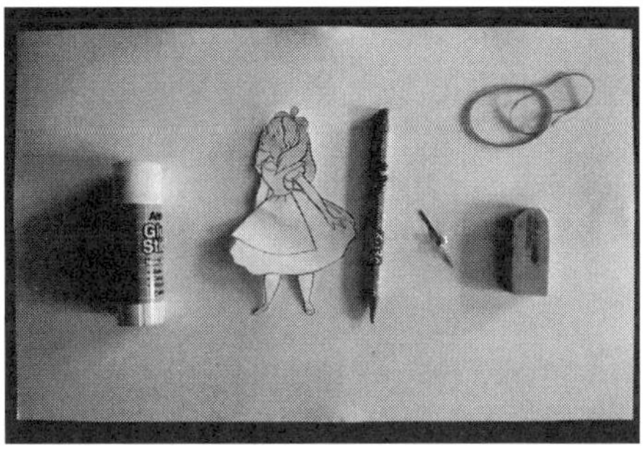

준비물: 풀, 앨리스 모형, 연필, 할핀, 지우개, 고무줄 2개, 도화지

① 고무줄 연결하기

② 앨리스를 8절 도화지에 붙이기

③ 할핀을 이용하여 고무줄 한쪽 끝을 고정시키기

④ 연필로 확대된 모형 그리기
(매듭이 앨리스 모형의 테두리 위에 놓고 고무줄을 팽팽하게 한 후 따라서 그리기)

⑤ 완성

C4 금강비를 찾아서

✎ 활동 개요

흔히 아름다움의 대표적인 비율로 황금비만을 생각하기 쉬운 학생들에게 우리나라의 건축물이나 동양인의 신체 비율, A4 종이 등에서 쉽게 찾아 볼 수 있는 금강비의 개념을 소개하고, 우리 주변에서 황금비뿐만 아니라 금강비 또한 찾아 볼 수 있는 기회를 제공하고자 본 활동을 구성하였다.

첫 번째 활동으로는 황금비와 금강비의 원리를 이해하고, 여러 가지 사례 속에서 황금비와 금강비를 찾아 볼 수 있도록 하였다. 그리고 주어진 도형 속에서 나름대로의 방법으로 황금비와 금강비를 찾아보는 경험을 통해 황금비나 금강비를 보다 정확하게 확인할 수 있는 방법을 생각해볼 수 있도록 하였다.

두 번째 활동으로는 황금비를 확인하는 방법 중 하나로 황금비 자를 소개하고, 이러한 황금비 자와 같이 금강비의 원리를 이용하여 금강비 자를 직접 제작해 보도록 하였다. 마지막으로는 황금비 자와 금강비 자를 이용하여 우리 주변에서 황금비와 금강비를 찾아 사진 촬영을 하고, 이를 ppt로 제작하여 발표해 보는 시간을 갖도록 하였다.

이러한 활동을 통해 학생들은 주변에 있는 대상을 분석적으로 관찰할 수 있는 안목을 가질 수 있으며 관찰한 대상을 사진이라는 매체를 이용하여 다양하게 표현하는 가운데 주어진 문제를 창의적으로 해결할 수 있는 능력을 함양할 수 있다. 더불어 사진촬영에서 발표까지 모둠원들과 함께 준비하는 가운데 협동심과 공동체의식을 키울 수 있을 것이다.

<table>
<tr><td rowspan="4">활
동
내
용</td><td>차시</td><td>주요 활동 내용</td></tr>
<tr><td>1</td><td>◈ 황금비와 금강비의 개념 이해
• 황금비와 금강비의 원리 이해하기
• 황금비와 금강비가 있는 여러 가지 사례 탐구하기
• 주어진 도형에서 황금비와 금강비를 찾고 측정의 어려움 느끼기</td></tr>
<tr><td>2</td><td>◈ 금강비 자 만들기
• 기존에 개발된 황금비 자 탐구하기
• 금강비의 원리를 이용하여 금강비 자 만들기</td></tr>
<tr><td>3</td><td>◈ 황금비와 금강비가 있는 여러 가지 대상 찾기
• 황금비 자와 금강비 자를 이용하여 주변에서 황금비와 금강비가 있는 여러 가지 대상 찾아 사진 촬영하기
• 황금비와 금강비가 있는 여러 가지 사진을 ppt로 제작하여 발표하기</td></tr>
<tr><td colspan="2">준비물</td><td>황금비와 금강비로 이루어진 직사각형 종이, 황금비 자, 스티로폼, 할핀, 자, 가위, 사진기(핸드폰)</td></tr>
</table>

✎ 융합적 요소 및 교육과정 연계성

<table>
<tr><td>융합적 요소</td><td>학습 목표</td><td>교육과정</td></tr>
<tr><td colspan="3">M 수학</td></tr>
<tr><td>수학적 추론능력</td><td>• 여러 가지 대상에서 나타나는 황금비와 금강비를 찾아보고, 황금비와 금강비의 차이점을 추론해 낼 수 있다.</td><td rowspan="3">5-2-5. 소수의 나눗셈
- 소수의 나눗셈과 관련된 여러 가지 문제 해결

5-2-7. 비와 비율
- 비율의 개념 이해</td></tr>
<tr><td>개념 및 원리의 이해</td><td>• 황금비와 금강비의 원리를 이해할 수 있다.</td></tr>
<tr><td>문제해결 능력
의사소통 능력</td><td>• 황금비와 금강비가 있는 대상을 찾기 위해 협력적으로 조사 계획을 세워 문제를 해결할 수 있다.
• 문제를 해결하기 위해 모둠원들과 토의하며 문제해결 방법을 친구들에게 발표할 수 있다.</td></tr>
</table>

<table>
<tr><th>융합적 요소</th><th>학습 목표</th><th>교육과정</th></tr>
<tr><td colspan="3">A 예술</td></tr>
<tr><td>미적 감수성</td><td rowspan="3">• 주변에 있는 여러 가지 대상 속에서 황금비와 금강비를 찾아보면서 대상이 지닌 안정성이나 아름다움을 느낄 수 있다.
• 황금비와 금강비가 잘 드러나도록 여러 가지 사진을 ppt로 제작하여 창의적으로 표현할 수 있다.</td><td rowspan="3">5/6-3. 시각 문화 환경과 미술
- 미술은 우리 곁에 있어요. (생활 속에서 조형의 아름다움 찾기)
- 생활과 공간(주변 환경과 어울리는 건축물 감상하기)

5/6-12. 사진과 생활
- 사진으로 본 세상
- 사진으로 표현하기
- 사진 작품 감상하기</td></tr>
<tr><td>표현 능력</td></tr>
<tr><td>비판적 사고력
창의적 사고력</td></tr>
<tr><td colspan="3">S 과학</td></tr>
<tr><td>기본 개념 이해</td><td>• 자연 속에 존재하는 여러 가지 대상의 구조 속에 나타나는 비율을 황금비와 금강비의 개념과 연관시켜 이해할 수 있다.</td><td rowspan="3">3-2-2. 동물의 세계
- 여러 가지 동물 관찰하기

4-2-1. 식물의 생김새
- 주변에서 자라는 여러 가지 식물의 특징 관찰하기</td></tr>
<tr><td>현상에 대한 관심</td><td>• 자연이나 생활 주변에 있는 여러 가지 대상이 가지고 있는 비율을 관심을 갖고, 조사하는 활동에 참여할 수 있다.</td></tr>
<tr><td>과학적 탐구 능력</td><td>• 자연이나 생활 주변에 있는 여러 가지 대상을 주의 깊게 관찰하며 비교·분석할 수 있다.</td></tr>
</table>

✎ 지도상의 유의점

- 황금비와 금강비가 있는 여러 가지 대상을 찾아보는 활동 가운데 학생들이 어느 한 비율만을 우선시하기보다는 황금비와 금강비 모두 우리의 주변에서 자주 사용되는 가치 있는 비율임을 느낄 수 있도록 유도한다.
- 황금비와 금강비가 있는 여러 가지 대상을 사진으로 촬영하기 이전에 어떤 형태로 ppt를 제작하여 발표할지 사진 촬영의 주제와 목적을 생각하며, 사진 촬영을 시작할 수 있도록 충분한 사전 계획 시간을 제공한다.

✎ 교수·학습 과정안(1차시)

활동명	황금비와 금강비
활동주제	황금비와 금강비의 개념 이해하기
학습목표	• 황금비와 금강비의 개념을 이해할 수 있다. • 주어진 도형에서 황금비와 금강비를 찾아 낼 수 있다.
준비물	황금비와 금강비로 이루어진 직사각형 종이
수업흐름	교수학습 활동 내용 및 수업의 전개
도입	◈ 준비 활동 • 황금비와 금강비로 이루어진 직사각형 모양의 종이 관찰하기 • 황금비와 금강비로 이루어진 두 종이 중에서 익숙하거나 더 안정적인 종이 고르기 ◈ 문제 상황 제시 • 서양 건축물과 우리나라 전통 건축물에 사용된 비율의 차이점 알기 • 황금비와 다른 비율(금강비)이 있음을 찾아내기
전개	◈ 황금비와 금강비의 개념 이해 • 황금비의 개념 및 원리 이해 • 금강비의 개념 및 원리 이해 ◈ 황금비와 금강비가 적용된 사례 탐구 • 황금비와 금강비가 적용된 다양한 사례 탐구하기 • 황금비와 금강비가 적용된 사례의 차이점 찾아내기 • 나의 신체에 어떤 비율이 적용될지에 대해 추측하기 • 나의 신체에 적용된 비율 확인하기 ◈ 황금비와 금강비 찾기 • 주어진 사각형에서 황금비와 금강비 찾기 (어림하기, 직접 측정하기 등 다양한 방법 사용 가능)
정리	◈ 정리 및 적용 • 황금비와 금강비를 주어진 사각형에서 찾으면서 느꼈던 어려운 점에 대해서 발표하기 ◈ 차시 연계 • 내가 사진작가가 되어 황금비와 금강비를 찾아 여행을 떠난다면 필요한 준비물이 무엇일지 생각해보기

✎ 교수·학습 과정안(2~3차시)

활동명	황금비와 금강비를 찾아 떠나는 여행
활동주제	황금비 자와 금강비 자를 만들어 황금비와 금강비 찾기
학습목표	• 황금비와 금강비의 원리를 이해하며 황금비 자와 금강비 자를 만들 수 있다. • 황금비 자와 금강비 자를 이용하여 황금비와 금강비를 찾을 수 있다. • 황금비와 금강비를 찍은 사진 작품을 모아 발표할 수 있다.
준비물	황금비 자, 스티로폼, 할핀, 자, 가위, 사진기(핸드폰)
수업절차	교수학습 활동 내용 및 수업의 전개
도입	◈ 준비활동 • 내가 사진작가가 되어 황금비와 금강비를 찾기 위해서 준비해야 할 것이 무엇인지 생각해보기 ◈ 문제 상황 제시 • 사진 작가가 되어 황금비와 금강비를 찾아 여행을 떠나기 위한 준비 계획 세우기
전개	◈ 황금비 자와 금강비 자 만들기 • 기존에 제작된 황금비 자를 보고, 황금비 자 탐구하기 • 금강비의 원리를 바탕으로 금강비 자 만들기 • 황금비 자와 금강비 자의 사용법 이해하기 ◈ 황금비와 금강비가 있는 대상을 찾아 사진 촬영하기 • 모둠별로 주변에서 황금비와 금강비가 있는 대상을 찾기 • 대상에서 나타나는 황금비와 금강비가 잘 드러나도록 사진 촬영하기 ◈ "황금비와 금강비를 찾아 떠나는 여행" 작품 발표회 하기 • 모둠별로 촬영한 사진을 모아 ppt로 제작하기 • 주변에서 찾은 황금비와 금강비에 대해 발표하기
정리	◈ 정리 및 적용 • 친구들의 작품을 감상하며 잘된 점, 문제 점 등에 대해 의견 나누기 • 황금비와 금강비를 탐구하면서 느낀 점 발표하기

금강비를 찾아서

활동 1 황금비와 금강비 무엇이 다를까?

▣ 더 친숙한 종이는 무엇일까?

1. 황금비에 대해 알고 있는 점을 친구들과 이야기 해 봅시다.

2. 두 직사각형 중에서 황금비로 이루어진 직사각형을 찾아봅시다.

①

②

3. 서양 및 우리나라의 여러 문화재 속에서 아름다움을 표현하기 위해 어떤 비율을 사용하였는지 조사해 봅시다.

파르테논신전

부석사 무량수전

석굴암

	황금비	금강비
문화재 이름		

▣ 나의 신체에는 황금비가 있을까, 금강비가 있을까?

1. 나의 신체의 여러 부위를 측정해 보고, 그 결과를 기록해 봅시다.

신체 부위	측정 부위 1	측정값	측정 부위 2	측정값	(②÷①) 계산한 결과
상체와 하체 (배꼽 기준)	머리끝에서 배꼽까지		배꼽에서 발끝까지		
팔의 길이 (손목 기준)	손목에서 손끝까지		팔꿈치에서 손목까지		
얼굴 길이 (귀 기준)	머리끝에서 귀까지		귀에서 턱끝까지		
코와 입술의 길이	코의 가로 길이		입술의 가로 길이		

2. 친구들과 자신의 신체에서 찾은 비율이 황금비에 가까운지 금강비에 가까운지 이야기 나누어 봅시다.

활동 2 황금비와 금강비를 찾아 떠나는 여행

▣ 황금비와 금강비를 찾아 여행을 떠나기 위한 준비

1. 신체를 측정하면서 황금비와 금강비를 좀더 쉽게 찾을 수 있는 방법을 이야기해 봅시다.

2. 황금비 자를 이용하여 여러 가지 물건을 측정해 보고, 황금비로 이루어진 물건을 찾아 봅시다.

3. 금강비 자를 직접 만들어 봅시다.

금강비 자 만들기

① 4개의 스티로폼 막대, 할핀 준비
② 4개의 스티로폼에 점이 찍힌 부분을 연결하고, 할핀으로 고정
③ 그림과 같은 형태로 완성하고, 끝부분을 뾰족하게 가위로 자르기

▣ 황금비와 금강비를 찾아 떠나는 여행 계획 세우기

장소	
준비물	
역할분담	
사진으로 찍고 싶은 대상	

▣ 황금비와 금강비가 있는 대상을 찾아 사진을 찍어 봅시다. 사진 찍은 결과를 ppt로 제작하여 작품 발표회를 해 봅시다.

▣ 황금비와 금강비를 찾아 떠난 여행을 하고 난 후의 소감을 적어 봅시다.

교사용 참고 자료

※ 황금비와 금강비

① 황금비

한 선분을 두 개의 부분으로 나누었을 때 긴 선분에 대한 선분 전체의 길이의 비와 짧은 선분에 대한 긴 선분의 길이의 비가 같도록 만들 때 얻게 되는 수로, 이때 그 선분은 황금비 또는 외중비로 나누어졌다고 한다. 즉 선분 AB를 내분하는 점 C가 $\frac{\overline{AB}}{\overline{AC}}=\frac{\overline{AC}}{\overline{BC}}$ 를 만족시킬 때 점 C가 선분 AB를 황금분할한다고 하고 $\overline{AC}:\overline{BC}$를 황금비라고 한다.

건축, 조각, 회화, 공예 등, 조형예술 분야에서도 황금비가 널리 활용되고 있다. 특히 고대인들은 황금비에서 신비로움과 안정감을 찾았다. 학자들은 고대 그리스에서 중세까지 대부분의 건축물과 조각상에서 피보나치수와 황금비를 찾았다. 대표적으로 그리스의 조각가 페이디아스의 조각, 파르테논 신전과 다른 그리스 건축물, 1180년대에 세워진 클뤼니 대수도원 등에서 찾을 수 있다.

② 금강비

금강비는 우리 조상들이 선사시대부터 사용해 온 $\sqrt{2}$의 무리수 비로 옛날 우리나라의 건축에 많이 사용되었다. 우리 조상들은 오랜 경험과 관습에서 이 비례가 가장 아름다운 것으로 알고 계승해 온 것으로 판단된다. 전통 건축의 특징은 서구의 황금비례와 달리 자연과 조화를 이루는 금강비례에 있다. 우리 주변의 유적, 유물에서 그 사례를 찾아볼 수 있는데, 대표적인 것은 석굴암과 부석사 무량수전이다. 금강비는 금강산과 같이 아름다운 비례라는 의미로 사용되고 있다.

※ 금강비 자 만드는 방법

① 네 개의 종이띠(너비 약2cm)를 준비한다.

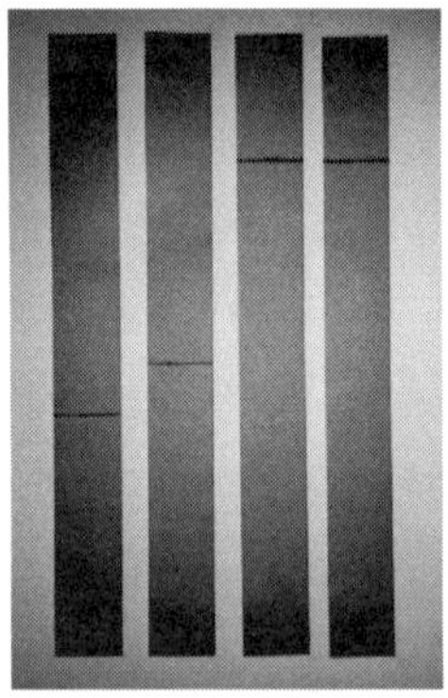

② 금강비 자 길이를 참조하여 [길이 1] 2개, [길이 2], [길이 3] 각각 1개씩 선으로 표시한다.

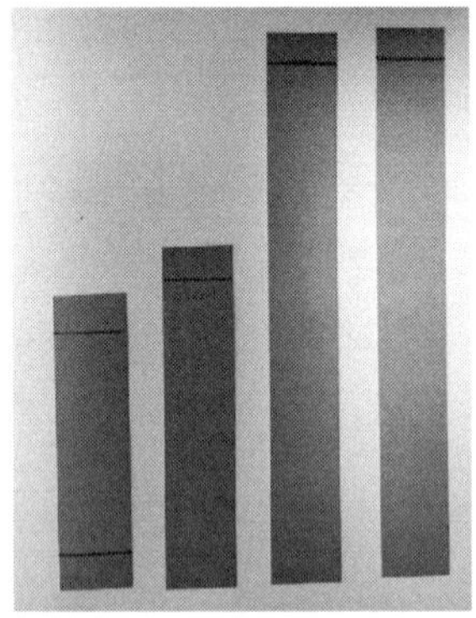

③ [길이 1], [길이 2]의 경우 한쪽 방향에만 1cm 정도의 여유를 두고, [길이 3]의 경우 양쪽 방향으로 1cm 정도의 여유를 두고 자른다.

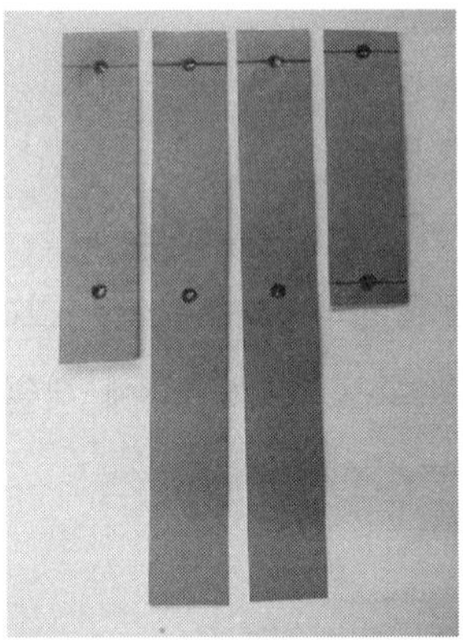

④ 서로 연결할 부분(점 찍힌 부분)을 송곳으로 구멍을 뚫어둔다.

⑤ 그림과 같은 모양이 되도록 할 핀으로 연결한다.

⑥ 가장자리를 뾰족하게 자르고 완성한다.

※ 금강비 자 길이 참조
(같은 비율로 늘일 수 있어요.)
1. $\overline{BC} = 15\text{cm}$일 때
2. $\overline{DE} = 8.79\text{cm}$
3. $\overline{FG} = 6.21\text{cm}$

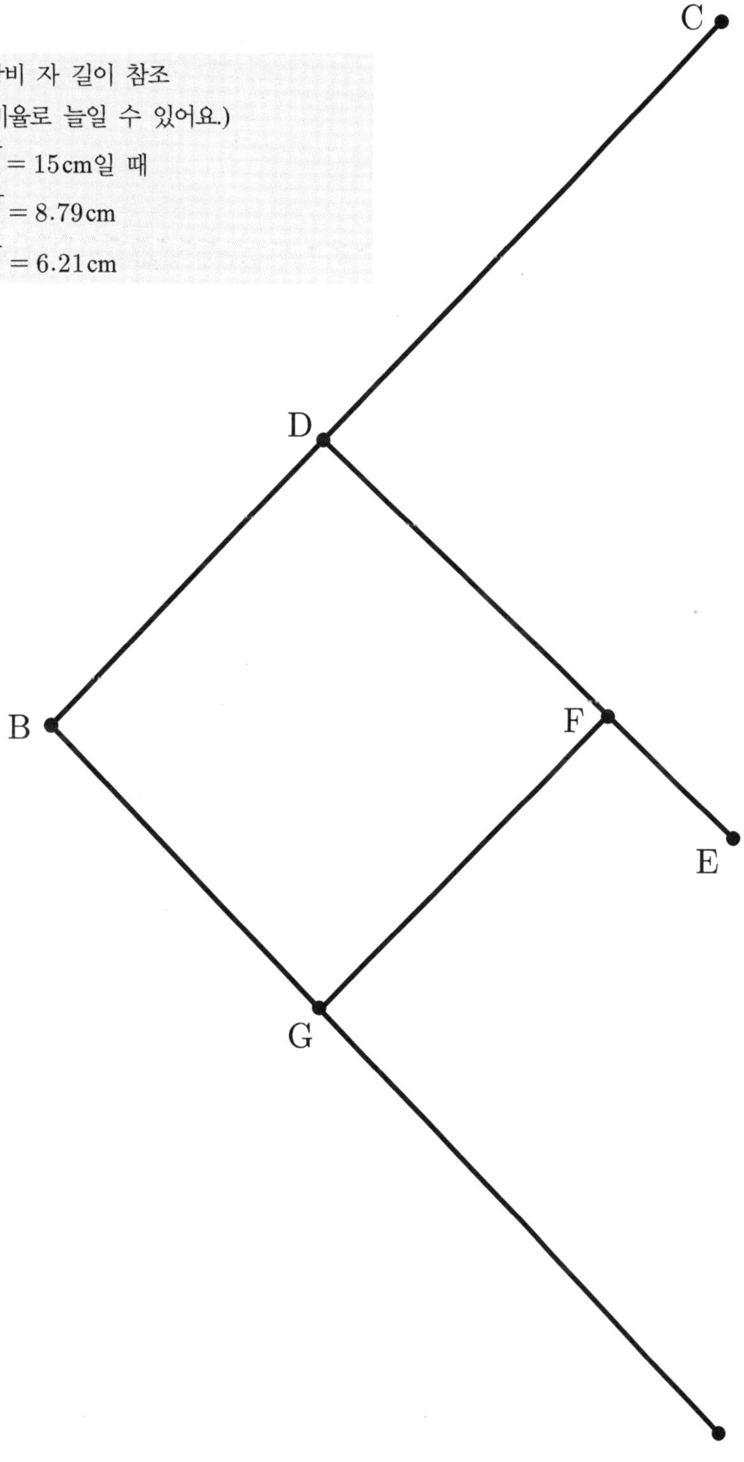

C5 세상의 경계를 없앤 위대한 발견

✎ 활동 개요

본 활동은 뫼비우스 띠와 도넛(토러스)에 숨겨진 원리를 수학적으로 탐구해보고, 예술, 과학 분야에서 적용된 뫼비우스 띠의 사례를 바탕으로 나만의 뫼비우스 접시를 만들어 보는 활동으로 구성하였다. 첫 번째 활동에서는 뫼비우스 띠의 역사에 대한 이해를 바탕으로 뫼비우스 띠와 뫼비우스 띠가 아닌(원기둥 띠) 것 사이의 차이점을 찾아보고, 뫼비우스 띠에서만 나타나는 규칙을 탐구해 보도록 하였다. 두 번째 활동에서는 이러한 뫼비우스 띠가 적용된 다양한 사례를 예술, 건축, 과학 분야를 중심으로 찾아보고, 뫼비우스 띠의 어떠한 성질이 이러한 사례에 반영되었는지를 이해하고, 이러한 뫼비우스 띠의 성질을 이용하여 면이 3개인 나만의 접시를 만들어 보도록 하였다. 마지막으로 뫼비우스 띠를 발전시켜 뫼비우스 도넛(토러스)를 만들어 보고, 뫼비우스 도넛(토러스)와 뫼비우스 띠 사이의 차이점을 찾아보고, 뫼비우스 도넛(토러스)에서 나타나는 규칙을 탐구해 보도록 하였다. 이를 통해 학생들은 특정 분야에서 발견한 원리(사실)가 수학, 예술, 과학 여러 분야에 영향을 줄 수 있음을 깨닫고, 통합적으로 사고하려는 태도를 가질 수 있다. 또한 하나의 원리를 추측하고, 실험하며 어떠한 규칙이 있는지 탐구해 보는 가운데 과학적 사고력, 창의적 문제해결력과 수학적 추론 능력이 함양될 수 있다. 그리고 뫼비우스 띠를 이용한 삼면 접시를 직접 만들어 봄으로써 자신이 배운 원리를 적용하며 확장시켜 보려는 태도를 가질 수 있다.

<table>
<tr><th rowspan="3">활동
내용</th><th>차시</th><th>주요 활동 내용</th></tr>
<tr><td>1</td><td>◈ 뫼비우스 띠에서 규칙 찾기
• 뫼비우스 띠의 발견에 대한 역사 이해
• 뫼비우스 띠와 원기둥 띠에서 나타나는 규칙 찾기</td></tr>
<tr><td>2</td><td>◈ 뫼비우스 띠의 성질을 이용한 접시 만들기
• 뫼비우스 띠가 적용된 사례를 예술, 건축, 과학 분야에서 찾아보고, 뫼비우스 띠의 원리 이해하기
• 뫼비우스 띠의 성질을 이용하여 면이 4개인 종이퍼즐 만들기</td></tr>
</table>

	3	◈ 뫼비우스 도넛(토러스)에서 규칙 찾기 • 뫼비우스 띠와 뫼비우스 도넛(토러스)의 차이점을 알고, 4개의 면이 있는 뫼비우스 도넛(토러스) 만들기 • 뫼비우스 도넛(토러스)를 탐구하면서 교차하는 횟수와 나타나는 면의 개수 사이의 규칙 찾기
준비물		종이띠, 색연필, 가위, 스카치테이프, 접시 만들기 전개도, 사인펜, 가위, 풀, 포디프레임, 매직, 4절 도화지

✎ 융합적 요소 및 교육과정 연계성

융합적 요소	학습 목표	교육과정
M 수학		
수학적 추론능력	• 뫼비우스 띠인 것과 뫼비우스 띠가 아닌 것을 구분하며 뫼비우스 띠에서 나타나는 규칙과 뫼비우스 띠가 아닌 것에서 나타나는 규칙을 찾아 일반화할 수 있다. • 뫼비우스 띠에서 발견했던 규칙을 생각하며 여러 가지 도넛(토러스) 중에서 뫼비우스 도넛(토러스)를 유추해 낼 수 있다.	**5-2-8. 문제 해결 방법 찾기** - 예상하고 확인하며 규칙 찾기 **6-2-2. 원기둥과 원뿔** - 원기둥 이해하기(옆면과 밑면 구분하기) - 원기둥의 전개도 이해하기
개념 및 원리의 이해	• 뫼비우스 띠의 발견에 대한 역사적 배경을 통해 뫼비우스 띠의 원리를 이해할 수 있다.	
문제해결 능력 의사소통 능력	• 뫼비우스 띠를 통해 알게 된 점을 다른 친구들과 공유하며, 다른 사람의 생각을 비판적으로 수용할 수 있다. • 문제를 해결하기 위해 모둠원들과 토의하며, 문제해결 방법을 친구들에게 발표할 수 있다.	

융합적 요소	학습 목표	교육과정
A 예술		
미적 감수성 표현 능력 비판적 사고력 창의적 사고력	• 뫼비우스 띠를 통해 경험한 사고의 전환을 미술작품에 담아 표현할 수 있다. • 4면이 나타나는 종이퍼즐의 원리를 이해하고, 나를 상징할 수 있는 도안을 종이퍼즐에 독창적으로 표현할 수 있다.	**5/6-3. 시각 문화 환경과 미술** - 미술은 우리 곁에 있어요. - 생활과 공간 **5/6-9. 상상의 세계** - 상상의 세계를 자유롭게 표현하기
S 과학		
기본 개념 이해	• 뫼비우스 띠가 적용된 다양한 사례를 통해 뫼비우스 띠의 원리를 더 정확하게 이해할 수 있다.	**5-1-4. 작은 생물의 세계** **5-2-1. 우리의 몸** - 생물의 유전물질인 DNA **5-1-2. 전자회로** - 저항기의 의미와 저항기의 역할
현상에 대한 관심	• 뫼비우스 띠의 원리를 사회 현상이나 자연 현상에 적용하여 생각할 수 있다.	
과학적 탐구 능력	• 뫼비우스 띠의 발견이나 뫼비우스 띠에만 적용되는 규칙을 찾기 위해 적절한 실험 계획을 세워 규칙을 찾아 낼 수 있다.	

✎ 지도상의 유의점

- 뫼비우스 띠와 원기둥 모양의 띠를 구분하기 위해서 학생들 스스로 뫼비우스 띠에만 적용되는 규칙을 찾아보고, 이러한 규칙이 적용되는 것을 뫼비우스 띠로, 그렇지 않은 것을 원기둥 모양의 띠로 이해할 수 있도록 한다. 특히, 원기둥 모양의 띠는 임의의 명칭으로 학생들과 뫼비우스 띠가 아닌 것을 어떻게 이름 지을 수 있을지 의논하여 결정하여도 좋다.
- 뫼비우스 띠나 도넛(토러스)에서 규칙을 찾을 때 학생들 스스로 어떠한 규칙이 존재할지 예상할 수 있는 기회를 주고, 학생들이 자신의 예상을 확인하기 위해 어떠한 조작활동이나 어떠한 조건들을 변화시켜 확인해 보아야 할지 스스로 결정할 수 있는 기회 또한 충분히 제공하도록 한다.

✎ 교수·학습 과정안(1차시)

활동명	종이 띠에 숨겨진 비밀을 찾아라!
활동주제	뫼비우스 띠에서 규칙 찾기
학습목표	1. 뫼비우스 띠의 원리를 이해할 수 있다. 2. 뫼비우스 띠를 절단했을 때 나타나는 규칙을 찾을 수 있다.
준비물	종이띠, 색연필, 가위, 스카치테이프(풀)
수업흐름	교수학습 활동 내용 및 수업의 전개
도입	◈ 준비 활동 • 지식채널 e(사라진 열차) 감상하기 • 세상 속에서 경계를 구분 짓는 경우에 대해 생각해보기 ◈ 문제 상황 제시 • 안과 밖의 경계가 없는 경우에 대한 예 생각해보기 • 뫼비우스 띠의 발견에 대한 역사 나누기
전개	◈ 뫼비우스 띠에 숨겨진 규칙 찾기 ① • 뫼비우스 띠(1번 꼬아 붙인 경우)와 원기둥 띠 만들기 • 뫼비우스 띠(1번 꼬아 붙인 경우)와 원기둥 띠의 차이점 찾아보기 • 종이띠를 꼰 횟수에 상관없이 뫼비우스 띠의 성질을 갖는지 예상하기 • 종이띠를 꼰 횟수를 늘려가며 여러 가지 띠 만들기 • 꼰 횟수에 따라 나타나는 면의 개수에서 규칙 찾아 정리하기 ◈ 뫼비우스 띠에 숨겨진 규칙 찾기 ② • 뫼비우스 띠와 원기둥 띠를 연결된 길을 따라 잘랐을 때 어떤 결과가 나타날지 예상하기 • 꼬아 준 횟수에 따라 여러 가지 띠를 잘라보며 나타나는 규칙 찾기 • 예상한 결과와 어떤 차이점이 있는지 찾아 정리하여 발표하기
정리	◈ 정리 및 적용 • 뫼비우스 띠와 원기둥 띠에서 발견한 가장 큰 규칙에 대해 이야기하기 • 뫼비우스 띠의 특징에 대해 이야기하기 • 뫼비우스 띠에 숨겨져 있을 더 많은 규칙 예상해보기 ◈ 차시 연계 • 뫼비우스 띠가 실제로 어떻게 적용되는지에 대해 알고 있는 사실 발표해 보기

✎ 교수·학습 과정안(2차시)

활동명	신기한 3면 접시 만들기
활동주제	뫼비우스 띠의 성질을 이용한 접시 만들기
학습목표	• 예술, 과학 등에 뫼비우스 띠가 적용된 사례를 통해 뫼비우스 띠의 원리를 이해할 수 있다. • 뫼비우스 띠의 성질을 이용하여 종이퍼즐 만들기를 할 수 있다.
준비물	접시 만들기 전개도, 색연필, 사인펜, 가위, 풀
수업절차	교수학습 활동 내용 및 수업의 전개
도입	◈ 준비활동 • 뫼비우스 띠가 실생활에 적용된 사례에 대해 알고 있는 점 발표하기 ◈ 문제 상황 제시 • 뫼비우스 띠를 적용하여 만들 수 있는 물건이나 예술작품 등에 대해 생각해보기
전개	◈ 뫼비우스 띠의 적용 사례 탐구 • 예술 분야에서 적용되는 사례 - M.C. Escher의 작품 - Max Bill의 작품 - 재활용 마크나 SK telecom의 로고 • 건축 분야에서 적용되는 사례 - 로마 바티칸의 박물관 • 과학 분야에서 적용되는 사례 - 컨베이어 벨트, 뫼비우스 필름 - 원자력에 이용되는 저항기용 뫼비우스 띠 - DNA의 이중나선구조 ◈ 뫼비우스 띠의 성질을 이용한 4면이 나타나는 종이퍼즐 만들기 • 정삼각형이 연결된 종이띠를 한 번 꼬아서 뫼비우스 띠 만들기 • 같은 색깔이 한 평면(정육각형)이 되도록 접어서 몇 개의 평면으로 구성되는지 실험하고 확인하기 • 4가지 면이 나타나는 종이퍼즐 완성하기

정리	◈ 정리 및 적용 • 뫼비우스 띠를 적용한 사례를 탐구하고, 종이퍼즐을 만들면서 새롭게 알게 된 점이나 느낀 점 발표하기 ◈ 차시 연계 • 뫼비우스 띠가 종이띠로 만들어진 것이 아니라 삼각기둥, 사각기둥으로 만들어졌다면 어떤 변화가 생길지 예상해보기

✎ 교수·학습 과정안(3차시)

활동명	개미들의 신기한 경주
활동주제	뫼비우스 도넛(토러스)에서 규칙 찾기
학습목표	• 뫼비우스 도넛(토러스)에 숨겨진 규칙을 발견할 수 있다. • 뫼비우스 도넛(토러스)에서 발견한 규칙을 포스터로 만들어 발표할 수 있다.
준비물	아이클레이, 매직, 4절 도화지
수업절차	**교수학습 활동 내용 및 수업의 전개**
도입	◈ 준비활동 • M.C. Escher의 작품 중 뫼비우스 띠를 기어가는 개미에게 어떤 일이 생길지 생각해보기 ◈ 문제 상황 제시 • 여러 마리의 개미가 뫼비우스 띠가 아닌 뫼비우스 도넛(토러스)에서 경주를 한다면 어떤 일이 생길지 예상해보기
전개	◈ 뫼비우스 도넛(토러스) 만들기 • 아이클레이를 이용하여 4개의 면을 갖는 뫼비우스 도넛(토러스)를 어떻게 만들지 예상해보기 • 4개의 면을 갖는 뫼비우스 도넛(토러스)에는 어떤 성질이 있어야 할지 생각해보기 • 아이클레이를 이용하여 4개의 면을 갖는 뫼비우스 도넛(토러스) 만들기 (처음 면의 모서리가 한 모서리씩 교차하도록 만들기 / 처음 면의 모서리가 두 모서리씩 교차하도록 만들기/ 처음 면의 모서리가 세 모서리씩 교차하도록 만들기 / 처음 면의 모서리가 한 모서리씩 한 번 회전하여 원래의 모서리에 오도록 만들기) • 여러 가지 도넛(토러스) 중에서 뫼비우스 도넛(토러스)는 무엇인지 찾아보기

	◈ 뫼비우스 도넛(토러스)에서 규칙 찾기 • 각 모둠별로 여러 가지 면을 갖는 뫼비우스 도넛(토러스)를 만들기 • 각 모둠별로 만든 도넛(토러스)를 이용하여 교차하는 횟수와 나타나는 면의 개수 사이의 규칙 찾기
정리	◈ 정리 및 적용 • 뫼비우스 도넛(토러스)에서 여러 마리의 개미가 경주를 한다면 어떤 일이 생길지 생각하여 발표하기 • 뫼비우스 띠와 도넛(토러스)를 탐구하면서 느낀 점 발표하기

세상의 경계를 없앤 위대한 발견

활동 1 종이 띠에 숨겨진 비밀을 찾아라!

▣ 뫼비우스 띠 만들기

1. 종이띠를 한 번 꼬아 붙인 경우와 종이띠를 그냥 연결한 경우를 비교하여 여러 가지 규칙을 찾아 봅시다.

	종이띠를 한 번 꼬아 붙인 경우	종이띠를 그냥 연결한 경우
면의 개수		

2. 종이띠를 꼬아 준 횟수에 따라 면의 개수가 어떻게 될지 예상해 봅시다. 실제로 종이띠를 꼬아 준 횟수를 달리 하여 여러 가지 종이띠를 만들어 확인해 봅시다.

[예상]

꼰 횟수	0	1	2	3	
면의 개수					

▣ 뫼비우스 띠에서 규칙 찾기

1. 뫼비우스 띠와 원기둥 띠를 연결된 부분을 따라 잘랐을 때 어떤 결과가 나타날지 예상해 봅시다.

2. 뫼비우스 띠와 원기둥 띠를 연결된 부분을 따라 잘랐을 때 나타나는 규칙을 찾아봅시다.

뫼비우스 띠와 원기둥 띠를 연결된 부분을 따라 자르기

① 뫼비우스 띠와 원기둥 띠를 연결된 부분을 따라 너비가 1/2이 되는 지점(가운데)를 따라 자른다.
② 꼰 횟수에 따라 어떤 결과가 나타나는지 확인한다.
③ 뫼비우스 띠와 원기둥 띠를 연결된 부분을 따라 너비가 1/3, 2/3이 되는 지점을 따라 자른다.
④ 꼰 횟수에 따라 어떤 결과가 나타나는지 확인한다.
※ 관찰한 결과를 바탕으로 뫼비우스 띠와 원기둥 띠를 절단하였을 때 나타나는 특징을 정리한다.

꼰 횟수 / 절단한 너비 크기	0	1	2	3
1/2				
1/3				
2/3				

3. 뫼비우스 띠와 원기둥 띠의 특징을 정리하여 봅시다.

[뫼비우스 띠]

[원기둥 띠]

활동 2 신기한 종이퍼즐

▣ 뫼비우스 띠로 보는 세상

1. 뫼비우스 띠가 어떻게 적용될지 생각나는 대로 적어 봅시다.

2. 뫼비우스 띠의 특징을 생각하며 4면이 나타나는 종이퍼즐을 만들어 봅시다.

활동 3 개미들의 신기한 경주

▣ 뫼비우스 도넛(토러스) 만들기

1. 에셔(M.C. Escher)의 작품 중에서 뫼비우스 띠가 아닌 뫼비우스 도넛(토러스)에서 여러 마리의 개미가 경주를 한다면 어떤 일이 생길지 예상해 봅시다.

2. 4개의 면을 갖는 뫼비우스 도넛(토러스)을 만들어 봅시다.

흰색 고무찰흙을 이용하여 뫼비우스 도넛(토러스) 만들기

① 기본 정사각형 구조를 이용하여 긴 사각기둥을 만들어 봅시다.
② 처음 면의 모서리가 한 모서리씩 교차하도록 만들어 봅시다. - a
③ 처음 면의 모서리가 두 모서리씩 교차하도록 만들어 봅시다. - b
④ 처음 면의 모서리가 세 모서리씩 교차하도록 만들어 봅시다. - c
⑤ 처음 면의 모서리가 원래의 모서리에 오도록 만들어 봅시다. - d

3. a, b, c, d를 관찰하며 뫼비우스 도넛(토러스)은 어느 것인지 찾아봅시다. 왜 그렇게 생각했는지 이유도 적어 봅시다.

[뫼비우스 도넛(토러스)]

[왜 그렇게 생각했나요?]

4. 여러 가지 면을 갖는 뫼비우스 도넛(토러스)를 만들고, 교차하는 횟수와 나타나는 면의 개수 사이의 규칙을 찾아 정리해 봅시다.

MAS 수업 이렇게 활동했어요

1차시	활동명	종이 띠에 숨겨진 비밀을 찾아라!
	활동내용	뫼비우스 띠 만들기

활동 자료

꼬임 횟수 0

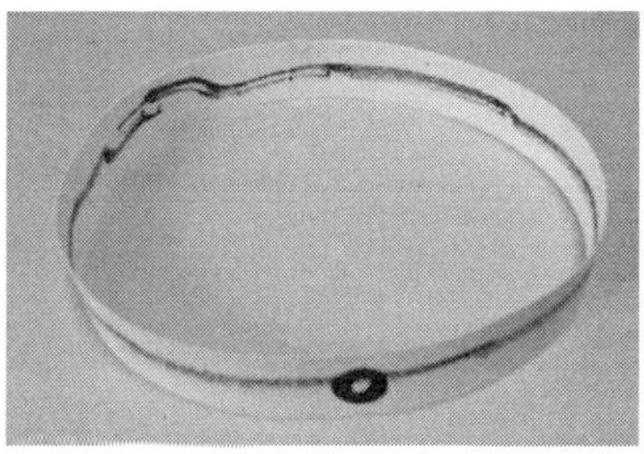

면의 개수 2개

꼬임 횟수 1

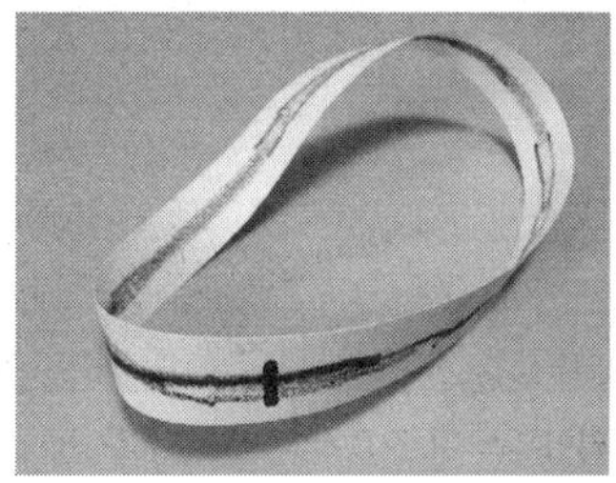

면의 개수 1개

꼬임 횟수 2

면의 개수 2개

꼬임 횟수 3

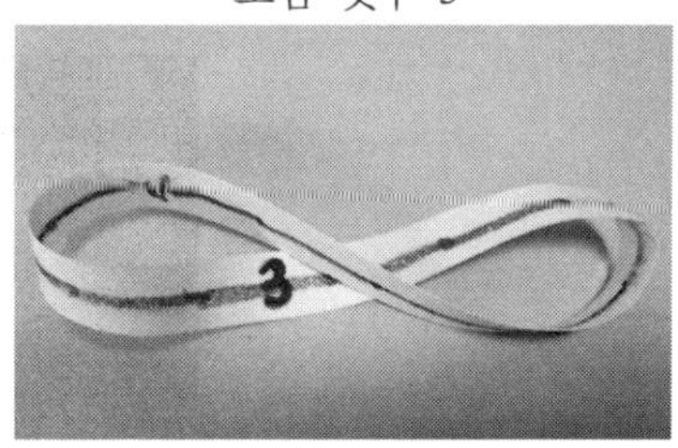

면의 개수 1개

학생 사례

꼬은 횟수가 짝수일 때는 면의개수가 2개다
그리고 꼬은 횟수가 홀수일때는 면의갯수가 1개다.

Twist No	0	1	2	3	4
면의 개수	2개	1개	2개	1개	2개

교사 Tip

1. 학생 스스로 활동을 하기 이전에 어떤 결과가 나올지 예상해 본 후 활동할 수 있도록 한다.
2. 학생들이 꼰 횟수를 달리하여 종이띠를 연결할 때 꼰 횟수를 정확하게 할 수 있도록 하고, 꼰 횟수는 종이에 숫자로 기록하도록 한다.
3. 꼰 횟수에 따라 연결된 종이띠의 면의 개수를 확인하기 위해 색연필이나 매직을 이용하여 면에 선을 긋도록 한다.

1차시	활동명	종이 띠에 숨겨진 비밀을 찾아라!
	활동내용	뫼비우스 띠에서 규칙 찾기

활동 자료

뫼비우스 띠 자르기(너비의 1/2지점)

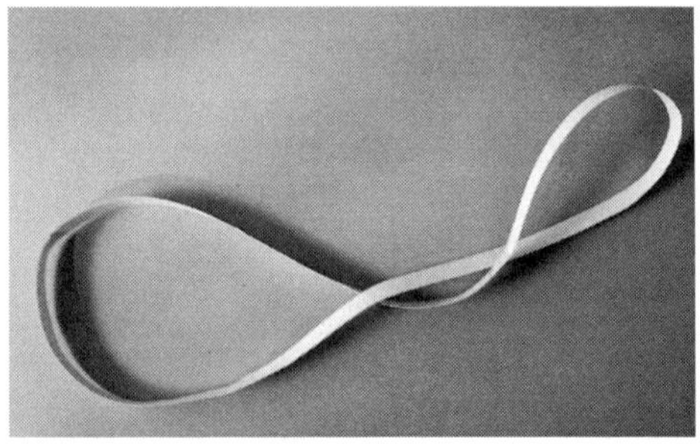

뫼비우스 띠를 잘랐을 때의 모양

학생 사례

교사 Tip

1. 뫼비우스 띠를 가위로 자를 때 너비가 1/2 되는 지점을 띠를 따라 잘라 나갈 수 있도록 정확하게 안내한다.
2. 학생들의 가위를 이용한 조작활동 능력이 우수할 경우 너비의 1/3, 2/3 되는 지점도 가위로 잘라보며 뫼비우스 띠에서 나타나는 규칙을 찾아보도록 한다.

교사용 참고 자료

※ 4면인 종이퍼즐(Kaleidocycle) 전개도 예시

http://foldplay.com/kaleidocycle.action에서 직접 사진을 넣어 나만의 종이퍼즐을 만들어 활용할 수 있음

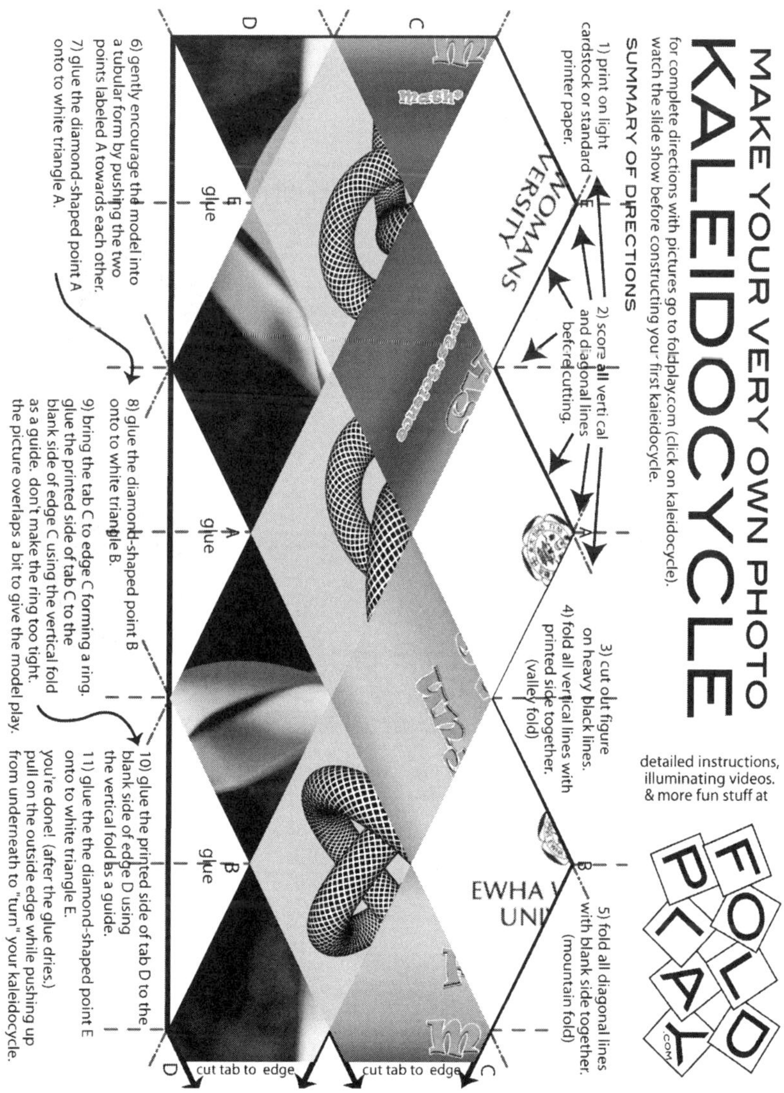

※ 뫼비우스 도넛(토러스)

① 뫼비우스 도넛 : 뫼비우스 띠나 원기둥과 유사하게 길고, 세 개의 면으로 둘러싸인 각기둥을 세 개의 면을 갖는 도넛의 형태가 되도록 꼭대기와 바닥을 연결시켜 구부린 것이다. 꼭대기와 바닥을 연결시키기 전에 적당히 꼬아주어 여러 개의 면이 아닌 오직 하나의 면을 가진다.

② 뫼비우스 도넛이 되는 경우

꼬임 횟수	1/4	2/4	3/4	한 바퀴
면의 개수	1 (뫼비우스 도넛)	2	1 (뫼비우스 도넛)	4

③ 흰색 고무찰흙을 이용하여 뫼비우스 도넛을 만든 사례

일반 도넛모양(꼬임 횟수 0)

꼬임 횟수(1/4) – 뫼비우스 도넛

꼬임 횟수(2/4)

꼬임 횟수(3/4) – 뫼비우스 도넛

꼬임 횟수(4/4)

C6 1소점 투시도를 그려보아요

✎ 활동 개요

본 활동은 우리의 눈으로 보는 것과 같이 먼 곳에 있는 것은 작게, 가깝게 있는 것은 크고 깊게 그리며 거리감을 표현하는 미술적 활동으로 투시도법이라 불리기도 한다. 보는 사람의 위치를 기준으로 하여 대상의 멀고 가까움을 나타내어 3차원적 건물을 2차원의 평면에 그림으로써 공간감을 기를 수 있다.

종이와 같은 평면재료에서 거리감을 나타내는 가장 일반적인 방법 중 하나는 사물의 크기를 이용하는 것인데 우리는 같은 크기의 사물이 멀고 가까운 차이에 의해 상대적으로 작거나 크게 보인다는 사실을 알고 있다. 이러한 투시도적 표현은 오래 전부터 미술의 회화에서 원근을 통한 공간표현의 가장 중요한 원리가 되어 왔다. 또한 주변에서 볼 수 있는 풍경을 다양한 각도에서 주의 깊게 관찰함으로써 새로운 아름다움을 발견함과 동시에 수학에서의 측정, 도형에 대한 이해, 문제 해결 능력, 그리고 과학적 탐구능력 등을 기를 수 있을 것이다.

학습 목표		• 원근법의 원리를 이해하고, 투시도의 종류를 알 수 있다. • 투시도법을 이용하여 우리 주변 건축물을 관찰하고 자세히 그릴 수 있다.
활동 내용	차시	주요 활동 내용
	1	◈ 투시도의 이해 • 원근법의 근원 • 1소점 투시도 (소실점이 1개) • 2소점 투시도 (소실점이 2개) • 3소점 투시도 (소실점이 3개) • 투시도 용어 이해 • 투시도 예시 그림 감상
	2	◈ 주변의 자연이나 건축물 등을 관찰하기 • 1소점 투시도가 될 수 있는 소재 찾기 ◈ 1소점 투시도 그리기 • 자, 삼각자 같은 도구를 사용하여 올바른 도법 익히기 • 관찰자의 눈높이에 따른 변화 찾아보기 ◈ 내 방 꾸미기 • 개성 있는 나의 방 꾸미기
준비물		50cm 자, 삼각자, 종이, 트레이싱지, 연필, 지우개 등

✎ 융합적 요소 및 교육과정 연계성

<table>
<tr><th>융합적 요소</th><th>학습 목표</th><th>교육과정</th></tr>
<tr><td colspan="3">M 수학</td></tr>
<tr><td>측정</td><td>• 길이나 거리를 어림하고 직접 재어보는 활동을 통해 길이에 대한 양감을 기를 수 있다.</td><td>4. 측정
- 길이</td></tr>
<tr><td>도형의 이해</td><td>• 교실 및 생활주변에서 직각인 곳과 만나지 않는 직선을 찾는 활동을 통해 직선의 수직관계와 평행관계를 이해할 수 있다.
• 평면도형의 이동을 이용하여 규칙적인 무늬를 꾸밀 수 있다.</td><td>4. 도형
- 도형의 기초
4. 도형
- 평면도형의 이동</td></tr>
<tr><td>문제해결 능력</td><td>• 측정 영역의 문제 상황에서 문제 해결 전략 비교하기, 주어진 문제에서 필요 없는 정보나 부족한 정보 찾기, 조건을 바꾸어 새로운 문제 만들기, 문제 해결 과정의 타당성 검토하기 등을 통해 문제 해결 능력을 키울 수 있다.</td><td>5/6. 측정
- 문제 해결 과정</td></tr>
<tr><td colspan="3">A 예술</td></tr>
<tr><td>원근법 표현</td><td rowspan="3">• 대상이나 현상을 주의 깊게 관찰하고 시각적 특징을 찾아볼 수 있다.
• 다른 교과의 지식을 활용하여 대상이나 현상의 시각적 특징을 찾아볼 수 있다.
• 조형요소와 원리를 활용하여 효과적으로 표현할 수 있다.
• 여러 미술 작품을 보며 각각의 미술작품의 특징을 찾아 설명할 수 있다.</td><td rowspan="3">5/6. 관찰표현
5/6. 미술비평</td></tr>
<tr><td>3D 표현</td></tr>
<tr><td>창의적 사고력</td></tr>
<tr><td colspan="3">S 과학</td></tr>
<tr><td>기본 개념 이해</td><td>• 일상생활에서 렌즈가 사용되는 예를 찾고 그 기능을 설명할 수 있다.
• 렌즈를 통해 물체의 모습이 확대되거나 축소되어 보임을 관찰할 수 있다.</td><td>5/6. 렌즈의 이용</td></tr>
</table>

✎ 지도상의 유의점

- 관찰자의 위치, 그리고 시선면에 대한 물체의 관계에 따라 하나, 둘, 혹은 세 개의 소점을 갖는다.
- 소실점은 항상 물체의 뒤쪽에 있어야 한다.
- 실제로 평행한 선들은 투시도에서 항상 모두 소실점으로 모인다.
- 정확한 측정에 의한 결과물과 정확하지 않은 측정에 의한 결과물의 예를 보여준다.

✎ 교수·학습과정(1차시)

활동명	멀리 있는 나무, 가까이 있는 나무
활동주제	원근법과 1소점 투시도 이해하기
학습목표	• 원근법의 종류를 알 수 있다. • 투시도법으로 형태를 관찰하고, 눈높이와 소실점에 의한 스케치를 할 수 있다.
준비물	마인데르트 호베마, 카유보트 등의 그림, 삼각자, 50cm 자, 종이, 샤프펜슬, 지우개
수업흐름	교수학습 활동 내용 및 수업의 전개
도입 및 전개	◈ 준비 활동 1. 투시도의 역사 : 이탈리아의 건축가이며 조각가인 브루넬레스키가 고안 14세기 레오나르도 다 빈치의 그림에서 투시도 등장 15세기 초 이탈리아의 반 아이크 형제가 실내 투시도 기법 발달 16세기 이후 유럽의 수많은 예술가가 즐겨 쓰며 새로운 회화법으로 정착 - 브루넬레스키, 마사초, 레오나르도 다 빈치, 반 아이크 등의 작품감상 2. 원근법을 사용한 미술작품과 투시도 감상 : 시점에 따라, 실내/ 실외/ 조감도 투시도 위치에 따라, 1소점/ 2소점/ 3소점 투시도 - 각각의 종류별 사진을 감상하고 느낌에 대한 의견 교환하기

	 그림 예 : 마인데르트 호베마, 〈미델 하르니스의 길〉, 1689 카유보트, 〈유럽의 다리〉 부분, 1876
정리	◈ 1소점 투시도 시연 : 투시도에서 사용되는 기본 용어와 도법에 대해 간략히 알아보기 ◈ 차시 연계 : 1소점 투시도법을 이용한 사진 찍어오기 (2차시) - 우리 주변의 실내외 환경에서 1소점 투시도법을 이용하여 사진 찍어오기

✎ 교수·학습 과정안(2차시)

활동명	내 방 투시도 그리기
활동주제	1소점 투시도법을 사용하여 내 방 꾸미기
학습목표	투시도법을 사용하여 내 방을 그릴 수 있다.
준비물	삼각자, 50cm 자, 종이, 샤프펜슬, 지우개, 트레이싱지
수업흐름	교수학습 활동 내용 및 수업의 전개
도입	◈ 준비 활동 • 우리 주변의 실내외 환경에서 발견한 1소점 투시도 공간의 사진을 모니터로 감상하며 토의하기 • 1소점 투시도의 특징과 구체적 용어에 대한 학습하기 1. 상자의 한 면을 정면으로 놓은 경우, 상자의 모든 사선들이 수평선 위의 한 점에 집중되는 것처럼 보임. 2. 투시도 용어의 예: VP(Vanishing Point) - 소점, 시선이 화면(PP)의 수평선상 (HL)에 모이는 점

<table>
<tr><td>전개</td><td>◈ 투시도 그리기
1. 투시도의 방향 및 투시자의 위치를 정한다.
2. 켄트지 위에 샤프로 정면도를 축적 1/30로 그린다.
3. 소점(VP)의 위치를 바닥에서 1,500mm 높이로 하여 방의 가운데로 잡는다.
4. 소점(VP)에서 방의 모서리선을 그린다.
5. 사점(DP)을 잡는다.
6. 바닥 격자를 만든다.
7. 투시도의 크기 잡기
8. 좌측면에 있는 창문의 크기를 그린다.
9. 그 위에 트레이싱지를 붙인다.
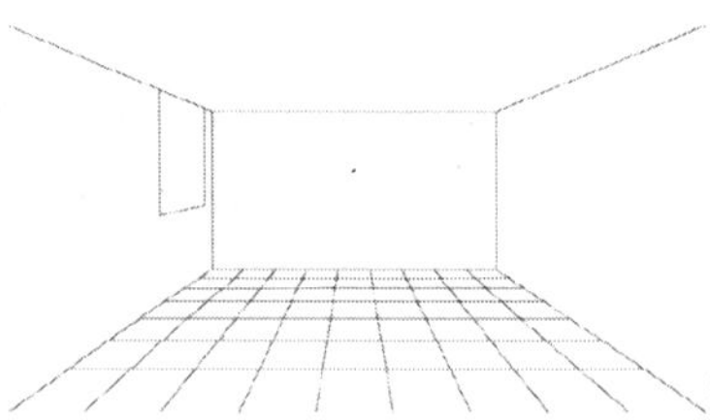 
◈ 투시도 위에 내 방 꾸미기
• 위에서 작업한 1소점 투시도법을 사용하여 트레이싱지 위에 개성 있는 내 방을 그리고 색칠하기</td></tr>
<tr><td>정리</td><td>◈ 정리 및 적용
• 학생들의 1소점 투시도 작품을 감상하며 서로 의견 교환하기
• 건축가와 인테리어 디자이너의 다른 점을 이야기하기
• 정확한 측정의 중요성에 대해 이야기하기</td></tr>
</table>

1소점 투시도를 그려보아요

활동 1 멀리 있는 나무, 가까이 있는 나무

▣ 투시도 감상

마인데르트 호베마, 〈미델하르니스의 가로수 길〉, 1689

카유보트, 〈유럽의 다리〉, 1876

1. 두 작품을 감상하고 각 그림의 특징에 대해 이야기해 봅시다.

[마인데르트 호베마, 〈미델하르니스의 가로수 길〉]

[카유보트, 〈유럽의 다리〉]

2. 우리 주변에 실제로 존재하는 공간에서 원근감을 발견하여 그려봅시다.

활동 2 내 방 투시도 그리기

▣ 내 방 꾸미기

1. 정확한 투시도 용어를 익혀봅시다.

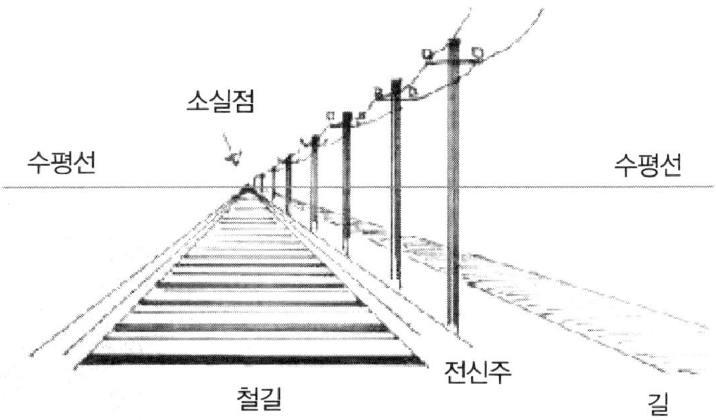

소실점(Vanishing Point, VP)
화면(Picture Plane, PP)
수평선(Horizontal LIne, HL)
눈높이(Eye Level, EL)

2. 1소점 투시도를 사용하여 내 방을 그리고 꾸며 봅시다.

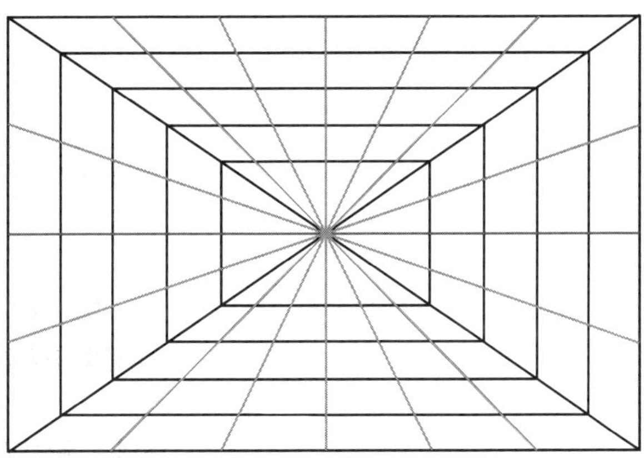

MAS 수업 이렇게 활동했어요

1~2차시	활동명	• 멀리 있는 나무, 가까이 있는 나무 • 내 방 투시도 그리기
	활동내용	원근법의 원리를 이해하고 투시도법을 이용하여 나만의 방 꾸미기

활동 자료

1. 아래의 두 작품을 감상하고, 각 그림의 특징에 대해 자유롭게 이야기해 봅시다.
2. 우리 주변에 실제로 존재하는 공간에서 원근감을 발견하여 그려봅시다.

마인데르트 호베마, 〈미델하르니스의 가로수길〉, 1689

카유보트, 〈유럽의 다리〉, 1876

학생 사례

교사 Tip

1. 투시도 그리기가 다소 어렵다면 야외학습을 통해 우리의 주변 환경에서 1소점 투시도법을 이용한 사진을 찍어보는 것도 권장한다. 학교 주변의 산책로나 공원 등에서 나무와 전봇대 등을 이용할 수 있다.
2. 야외학습의 경우, 교사는 필수적 안내사항을 학생들에게 숙지시키고 4~5명을 한 조로 구성하여 그룹활동을 통해 더 다양한 의견을 교환함과 더불어 안전수칙을 준수하도록 한다.
3. 투시도 그리기와 야외활동이 여의치 않은 경우에는 투시도법을 이용한 미술작품이나 광고사진 등을 찾아보는 방법 등과 같이 유연성 있는 수업을 진행하도록 한다.

참고문헌

김왕동(2011). 창의적 융합인재 양성을 위한 과제: 과학기술과 예술 융합(STEAM). 과학기술정책 연구원.

김진수(2011). STEAM 교육을 위한 큐빅 모형. 한국기술교육학회지. 7(3), 124-139.

서울과학고연구진(2012). 융합형 인재 육성을 위한 영재학교 운영방안 연구: 2012-13학년도 교육과학기술부 요청 영재교육영역 연구학교 운영보고서. 과학영재학교 서울과학고등학교.

태진미(2011). 창의적 융합인재양성. 왜 예술교육에 주목하는가? 영재교육연구, 21(4), 1011-1032.

한국교육과정 평가원(2012). 초·중등학교 교육과정 총론. 교육과학기술부 고시 제2012 14호 [별책 1]

한국교육과정 평가원(2011). 수학과 교육과정. 교육과학기술부 고시 제2011-361호 [별책 8]. 한국교육과정 평가원(2011). 음악과 교육과정. 교육과학기술부 고시 제2011-361호 [별책 12].

한국교육과정 평가원(2011). 미술과 교육과정. 교육과학기술부 고시 제2011-361호 [별책 13].

Dale, Carolyn(2011). Creative Curriculum through Science: Ages 9-11. Harper Collins Publishers.

Howkins, John(2005). The Creative Economy. Berkley Pub Group.

Sanders, M. (2009). STEM, STEM education, STEM mania. Technology Teacher, 68(4), 20-26.

Strosberg, Elian(2001). Art and science, Abbeville Press. / 『예술과 과학』, 김승윤 역, 을유문화사, 2002.

Sanders, M. & Wells, J. (2011). Integrative STEM Education definition. Available: Http://www.soe.vt.edu/istemed.

Yakman G. & Jinsoo KiM (2007, 10). Using BADUK to Teach Purposefully Integrated STEM/STEAM Education, 37th Annual Conference International Society for Exploring Teaching and Learning, Atlanta, USA.

Creative Partnership. http://www.creative-partnerships.com. 검색일 2012.5.13.

Finland's Science Education Center LUMA. http://www.helsinki.fi/luma/english. 검색일 2012.5.13.

Science Companion. http://www.sciencecompanion.com. 검색일 2012.5.13.

Weizmann Institute of Science. http://www.weizmann.ac.il. 검색일 2012.5.13.

초등교사를 위한
수학·예술·과학
융합 수업 모음집

지은이 김민경 · 박은정 · 허지연 · 홍은숙 · 이은실
이진영 · 박윤미 · 이은하 · 고혜진
펴낸이 조경희
펴낸곳 경문사
펴낸날 2013년 10월 1일 1판 1쇄
2022년 5월 9일 1판 3쇄
등 록 1979년 11월 9일 제1979-000023호
주 소 04057, 서울특별시 마포구 와우산로 174
전 화 (02)332-2004 팩스 (02)336-5193
이메일 kyungmoon@kyungmoon.com

값 13,000원

ISBN 978-89-6105-692-2